幸福婚姻的秘密

梁宸瑜　马英◎著

中国商业出版社

图书在版编目（CIP）数据

幸福婚姻的秘密 / 梁宸瑜，马英著 . -- 北京：中国商业出版社，2022.4

ISBN 978-7-5208-1972-5

Ⅰ. ①幸…　Ⅱ. ①梁……　Ⅲ. ①婚姻 – 通俗读物　Ⅳ. ① C913.13-49

中国版本图书馆 CIP 数据核字（2021）第 245285 号

责任编辑：侯　静　杜　辉

中国商业出版社出版发行
（www.zgsycb.com　100053　北京广安门内报国寺 1 号）
总编室：010-63180647　编辑室：010-83118925
发行部：010-83120835/8286
新华书店经销
三河市龙大印装有限公司印刷
*
710 毫米 ×1000 毫米　16 开　14.25 印张　150 千字
2022 年 4 月第 1 版　2022 年 4 月第 1 次印刷
定价：49.80 元
* * * *
（如有印装质量问题可更换）

前言

“我能想到最浪漫的事，就是和你一起慢慢变老，一路上收藏点点滴滴的欢笑，留到以后坐着摇椅慢慢聊”这句歌词是多少人的梦想，许多人都想在年轻时遇到一个自己喜欢的人，开展一段甜蜜的恋爱，两人走入婚姻，携手一生。当头发花白，两人坐着摇椅晒太阳时，还能够在一起回忆这大半生的点点滴滴，感谢彼此相伴。

但在现实生活中，这样甜蜜美满的生活却难以实现，有些人没有遇到对的人，吵吵闹闹半生，最终以离婚收场；有的人遇到了对的人，却不懂得如何经营婚姻，最终因为猜忌、放不下自尊等导致婚姻破裂。

在婚姻中，两人携手几十年，需要共经风雨、共享甜蜜，婚姻没有一帆风顺的，关键是要懂得如何经营婚姻，幸福的婚姻都是经营出来的。

恋爱时，两个人想的可能都是如何爱对方，如何给对方制造浪漫，但婚姻却意味着更多的责任，两个人不仅要对对方负责，还要对两个家庭负责；不仅要考虑现在的生活，还要考虑未来的生活；不仅要享受家庭的幸福，还要共同承担婚姻经历的风雨。婚姻需要两个人的共同呵护，需要两个人都能够肩负起自己的责任，如果一方逃避责任，那么婚姻中必然充满争吵；如果双方都逃避责任，那么婚姻很快就会走到尽头。

都说男人来自火星、女人来自金星，男女双方的思维方式存在较大的差异。要避免双方的误会，就要了解对方的想法，了解对方语言、行为的真实意图，及时有效的沟通能够消除两人之间的误会，避免婚姻产生裂痕。

婚姻中出现矛盾是不可避免的，但很多人不会处理矛盾，反而会让矛盾升级。要记住，婚姻不是战场，维系婚姻的是两个人之间的感情，不要将各种伤人的招数都用在对方身上。产生矛盾后，最需要做的是心平气和地谈一谈，彼此明白自己的错误并积极改正，而不是一味强调对方的错误，或者一味地逃避问题。

同时，在发现自己误会了对方，或者知道了自己的过错后，也不要因为感到伤自尊而拒绝向对方道歉。事实上，向最亲密的人道歉并不是什么伤自尊的事情，反而一方的态度软化能够使两个人的感情回温，也能够避免对婚姻造成更大的伤害。

幸福的婚姻需要两个人的呵护，再美满的婚姻也不会一帆风顺。在面对婚姻危机时，两个人应进行一场婚姻保卫战，想办法挽救两个人的感情和婚姻。如果两个人相处中出现了矛盾，就需要反思自己是否哪些地方做得不好，思考怎样改变自己才能够拯救两个人的关系；如果婚姻遇到了外部的威胁，两个人也需要共同抵御危机，无论何时，相信对方，及时沟通，才能够让两个人的婚姻走得更加长远。

此外，很多人婚姻不幸福或者婚姻破裂都是自己“作”的，因为他（她）们踩到了婚姻的雷区。婚姻中有一些雷区是不能踩的，在说话做事时，我们不仅要考虑自己的感受，也要考虑对方的感受。

步入婚姻后，两个人的爱情可能会变得更加深沉，随着时间的流逝逐渐转化为亲情。很多人在恋爱中，对方做的一件浪漫的事就能够让你潸然泪下，但步入婚姻后你会发现，婚姻最重要的是彼此的陪伴，也许对方不会再制造浪漫，但会始终陪在你身边，给你拥抱，给你依靠，想到对方，就会觉得安心，陪伴是最长情的告白。

愿你能找到那个懂你的人，不论是琴棋书画诗酒花，还是柴米油盐酱醋茶，只要两个人在一起，就会感到温馨幸福。

目　录　CONTENTS

第 1 章

选对了人，婚姻就会幸福

有些人从恋爱到结婚一直很幸福，有些人的恋爱或婚姻却总以失败告终，于是开始抱怨当初自己的选择出了错。但事实上，无论哪种类型的人都有可能是一名好妻子、好丈夫，关键是要选择和自己合适的人。找到对的人，婚姻就会幸福。

情绪敏感的女性也许并不难相处

曹雪芹曾在《葬花吟》中这样描述林黛玉："花谢花飞飞满天，红消香断有谁怜？"其实我们在生活中难免会遇到一些情绪比较敏感的女性，她们生性敏感多疑，容易情绪崩溃，时常掉眼泪。很多男性在恋爱时对这样的女性退避三舍，但柔弱派的女性真的很难哄吗？

凡事都有两面性，其实情绪敏感也是一种优点。这样的女性可以比其他人更能洞察周围环境的暗流涌动，可以比其他人更快地察觉到别人情绪发生波动。情绪敏感并不可怕，可怕的是你用这种情绪无限制地难为自己，而不是善用这种情绪的积极影响。

举个例子，我遇到过一名情绪比较敏感的女孩子，但后来她却有了很多亲密的朋友。她的改变不是改掉了自己的情绪敏感，而是放大这个特点，将情绪敏感放在了别人身上。

她身边的朋友们渐渐开始发现她不再动辄落泪苦恼，而是感觉她变得十分善解人意。虽然她还是说话不多，但总能在细微之处给朋友们爱与关怀，朋友们也纷纷表示和她相处是一件十分舒服的事，因为她非常细心。

你会发现，什么样的人都有朋友。性格开朗的人有朋友，性格冷漠的人有朋友，合群的人有朋友，就连不合群的人也会有朋友被他们的洒脱吸引。

因为一个萝卜一个坑，总有人会被你的性格吸引。如果你正好是这样一个情绪敏感的女孩子，那么就去加油做自己，把更好更积极的一面带给大家，总会等到契合自己的那个人。

人与人的关系有时是很脆弱的，因为每个人对自己不喜欢的行为的理解程度、接受程度都是不同的。对一个敏感的人来说，旁人偶尔一次伤他自尊，就会令他难以释怀，从而与对方产生距离感。一个普通人，也十分在意他人对待自己的态度，有时一个人说话无礼，听者没有表现出自己的反感，但内心的感觉也会发生微妙的变化。

人的内心总是处于变化的状态，大多时候的变化是微妙的，甚至连自己都不易察觉的，但他人对自己的态度，自己对他人的感觉，都被无遗漏地记录在心中。当我们对他人的反感情绪积累到一定程度时，就会采取一些措施来释放自己的情绪、表达自己的不满，对方如果不能理解，那么也就到了关系破裂的时候。

“高冷”只是一个人的保护色

我们首先需要知道，有些人为什么很“高冷”？

1. 他比你懂得多，或者说懒得理你

你的某条网络状态下面收到了一条很水的评论，你觉得你有回复的必要或者兴趣吗？或者你根本就不想和他们讲话，不屑于与他们为伍，因为你会觉得他们根本就不懂你，或者说他们所说的内容对于你来说没什么价值，无法讨论起来。

认知不在同一个层面，几乎无法交流。

2. 他希望自己有一个高质量的关系圈

当年龄与见识渐渐增长，你会觉得自己认识的人里面只需要那么几个朋友就够了，而且需要的是高质量的好友。假如有一个想认识你的新人，除非你觉得他在某一个方面能够激发起你想认识他的兴趣，

否则就没有这个动力。

我们不难看出，很多时候人与人之间的高冷实际上缘于彼此没有共同话题，精神不在一个层面。一方不愿意浪费时间去和一个不懂他的人社交，这个道理其实应用到很多人身上都很常见。我们都不愿意和不值得的人做我们认为值得的事，既折磨对方又折磨自己。

我们来用以下这个例子，来看如何“攻略”高冷的人。

高中的时候，我们无法解释，草稿纸上都是一个人的名字，写的满稿纸密密麻麻，但嘴角洋溢着幸福满足的表情。那时候，我们真的很容易满足，只想要知道他的名字，如此简单。

她从上高中的时候就喜欢他。那时，她转校到他在的班级，作为新生做完自我介绍后，大家都鼓掌表示欢迎，只有第一排的一个高冷男生拍了两下手就放下了，那时她很瘦小，老师为了照顾她就把她安排到第一排的角落，意外地成了他的同桌。

从一开始她就注意到这个与众不同的高傲男孩子，与其他的男生相比，他显得格外“高冷”。后来，相处了几个月，她才知道他性格的多面性，他是她见过的最得体、最有才气的男生，穿衣有品，行为举止无可挑剔，各科成绩都十分优秀，与老师交际也是得心应手。

他是她见过最善解人意的人，安抚受伤害的朋友，如春风细雨润物无声；他是她见过最犀利的人，剖析问题，说出本质，从不马虎；他是她见过最幽默的人，和他聊天是最开心的事。

每到放学，她都会目送他骑车回家的背影，那么潇洒、那么帅气，她和好友告别，各自回家，独自行走在林荫小道，偶尔抬头时她看到了夕阳。那一刻，她忽然很想和他分享此刻的美好，伴随着夕阳西下，她心里居然很想念他，但她却没有告诉过他。因为她觉得，平凡的自己配不上“高冷”的他。

她开始努力学习，想着一定要勤奋读书，变得优秀，才能和自己喜欢的人站在同一个高度。她每天读书、做练习题，认真听讲，不过那种和他说话就会心跳的感觉依旧存在。她将他作为学习的标杆，向着他的方向而努力。

高中毕业时，他考上了首都的一所重点大学，而她也考到了首都。

又过了两年，在高校联合举办的活动中，她遇到了他，此时的他更加高大帅气，而她也变得自信美丽。她坐到了他的身边，他十分惊讶，很快认出了她。在交谈中，她十分自然地讲起高中时曾十分喜欢他，他听到后一点也不吃惊，只是微笑看着她。

她的心又开始怦怦地跳了起来，想起高中时他也经常给自己补课，每次问他问题他也从不会拒绝，甚至在高中毕业时还将自己的笔记本送给了她留作纪念。她不敢想了，心越跳越快。

他却笑着问她：“那现在你还喜欢我吗？”

她也笑笑：“告诉你一个秘密，我知道你要来这里，所以我才来的。”

两个人很自然地就在一起了。

直到两人毕业结婚后，回想起往事，她依然欣喜于两人的重逢，每每讲起这件事时脸上都洋溢着幸福的笑容。在她再一次讲起这件事时，他却告诉她，当初他要参加活动的消息是他故意让两人共同的朋友透露给她的，看着她震惊的神情，他不禁笑道：“我知道你喜欢我，也知道你很努力，我都知道的。”

最终的答案是变优秀，或者说变得了解他。让对方认可你的精神层面达到了对方的要求，认为你的存在是他的惊喜，你们值得坐下来仔细聊聊乃至于谈恋爱结婚。

世界上没有一个生下来便是高冷的人，高冷无非是用来掩盖自身情绪的性格之一，如果你喜欢一个“高冷”的人，努力学习和工作，认真提升自己，让自己变得足够优秀，两个同样优秀的人能够创造无限可能。

如果你喜欢一个“高冷”的人，也不要自卑，努力学习和工作，认真提升自己，两个同样优秀的人能够创造无限可能。

年龄差距并非“黑天鹅事件”

不要愁老之将至，年龄差并不是恋爱中的“黑天鹅事件”，女性年龄大于男性并不奇怪。有这个担忧的女性不妨思考，他人的眼光对自己真的重要吗？如人饮水，冷暖自知，如果对方真的合适，姐弟恋也未尝不可。

大学前两年，她被抑郁症困扰，耽误了许多课，期末成绩以59分收尾，以至于后面一直忙补考。最后到大四了，同学们都忙着考研就业，她还要跟学弟学妹们一块儿上选修课。

她跟小学弟就是这么认识的。选修课第一节课她坐他后面，还借他的书占位。第二节课她迟到了，就随便找个位置坐了下来，谁知道一转身，身后又是他。这样的缘分让她心里一动，这难道是缘分来到了吗？

没想到她就这么一瞎想，随后那小学弟就对她表白了。她措手不及，作为年长两届的老学姐，她立刻淡定下来，随后问了他许多问题：家在哪儿？毕业后回老家还是留在这个城市？谈恋爱是以结婚为目的吗？是纯粹的喜欢她吗？他竟然一一回答，没有退缩，并表示自己是真心的，时间会证明一切。她“苍老”的内心得到了春雨的滋润，然后两人就在一起了。

她作为一个曾经的抑郁症患者，是一个极度敏感的人，不喜欢和其他人交谈，两人的第一年挺不顺，合合分分了几次，但最后他还是说了一句：“你的一切我都喜欢，时间会证明一切。”

但她敏感多疑，就连他给她发微信，带有一个错别字时她都能联想到他对自己不专心了，甚至从标点符号上都能联想到他的语气。比如他在朋友圈发一句感慨时间的话，她就会想是不是在敷衍她，他是不是不爱自己了？

后来他告诉她，当时就觉得她无理取闹，他挺痛苦，整天因为一点小事情吵得心烦，还不如分手了。但是冷静下来后，又怕她失恋后伤心难过，想到这里他又会心疼她，只想一心守护她。

他们走在夕阳下，挽着手，她问他：“为什么这么容忍我的任性？你喜欢我什么？”他说了一句不着调的话：“因为你美。”她不是美女，顶多算秀气精致，但也许他的审美比较奇特。大概他的意思就是“你丑，无所谓；没关系，我瞎”。

他们像其他情侣一样，经常闹点小矛盾，但生活还是甜蜜比痛苦多。她陪他打球，他陪她去图书馆，她陪他去餐厅吃饭，他陪她吃冰激凌，他们坐在学校门口的商场里一人一支甜筒看人来人往。

她会在寒冷的冬天冒着大雪去他宿舍楼下，把亲手织的围巾给他戴在脖子上。她会陪他在炎炎夏日的下午打球，看着他进球，她会呼喊鼓掌。和她的舍友一起吃饭，她会孩子气地让他给自己夹菜，一个高两届的学姐在他的面前活成了孩子的模样。

他们的恋爱纪念日是每年的3月3日，所以他们每月的3日都要过恋爱纪念日，每月3日的时候都会一起吃火锅，彼此诉说爱意，两个人的感情也越来越稳固。

就这么一直到她快毕业。她的毕业论文改了多遍，最后还是他帮她改完的；他也在准备考四级英语，英语很渣，但还是会学习到深夜。

他有辆自行车，因为她的宿舍离图书馆很远，所以他经常会先送她去图书馆，然后自己再去上课。他们的关系就因为一次坐他的自行车发生了巨变。

那段时间忙论文，还有其他很多事情需要处理，加上她没休息好，从早上起床的时候就有点头疼，她也没太在意，和往常一样，他骑车带她去图书馆。路过体育场的时候，她有些眩晕，最后手一松晕过去了，从自行车后座掉了下去。

她被送到医院，他像一只被吓到的兔子，一直紧紧抓住她的手放在额头上，她醒来，他仍旧握住她的手没有要放开的意思，手心额头都出汗了。

他强作镇定地问："怎么样？好点了吗？"

她点头说："嗯，没事了。"

他趴在床上，抱住她，然后哭了。

一个年轻的护士帮她把脸上的伤口清理干净包扎好，交代了一些注意事项后，他们就回学校了。

他突然性情大变，再也不和她吵架了，无论她多无理取闹，他都让着她。在她毕业那天，毕业照片上她的脸仍有一片痂。

后来她问起他：自己掉下来后，他第一时间做了什么？他说，他看到她摔在地上，紧紧地闭着眼，又惶恐又害怕，眼泪一下子就出来了，然后一把抱起她冲出了学校，拦住一辆出租车把她送到了医院。他说以后不和她吵了，只要她好好的。

随后两年他们的异地恋开始了，异地恋就会有争吵，争吵原因无非两个，一是因为她工作压力大，二是异地恋她不习惯。他每次都说等他毕业上班了就养她，虽然是句安慰的话，但也让她觉得自己是有后盾、有退路的，心理上很舒服。

他每个月来看她四次，没用过她的钱，都是从自己生活费里省的。她不喜欢收乱七八糟的礼物，不喜欢化妆，也不喜欢首饰，买衣服从来都是基本款，甚至包包都是帆布的，爱好是手工、烘焙、囤书。想想都觉得好养活。

他毕业了，来找她。她帮他找的房子，离她家很近。他那时穿的是她买衣服时的一件白色赠品 T 恤，一脸稚气。一周后，他找到了工作。

那个夏天，她常常从她家里拿半个西瓜带到公司，放冰箱里，等到中午下班了和他一起吃。两个人一起去公司附近的商场，找个长椅坐下，边吃西瓜边聊生活。

他发工资那天他们同事聚餐，他找了个借口出来，把工资全部交到她手上，心甘情愿又无比满足。

那一刻，她有了一个念头：他，就是自己后半生要托付的人。

随后的订婚，领证，结婚都变得十分自然。婚后两人开始买菜做饭，存折上的钱一点一点变多，日子依然快乐。

那个秋天，特别暖。他们是十月份搬进新房的，他说了句让她难以忘怀的话："老婆，以后我还会让你更幸福。"

她问："老公，你觉得人生中哪一桩事比较重要？"

他说："选择对的人结婚这桩事情。"

他对她的感情，就是他答应过她的事要尽量做到，无论是恋爱前，还是结婚后。他做到了留在她的家乡的选择，做到了养她一辈子的承诺，做到了要努力挣钱给她一所新房子。

有人问她，谁是这个世界上最爱你的人？她回答，恋爱之前的答案是爸妈，恋爱之后的答案应该是那个他。

姐弟恋未必不会有好的结果，关键的是要思考姐弟恋真的适合自己吗？

一场高质量的恋爱是双方共同进步的过程，能够让女方变得更温柔，让男方变得更有担当。年纪，或许在这场情感历程中，真的不算问题。

下一站你真的会幸福吗?

恋爱的下一站就是结婚，许多人在恋爱时很甜蜜，进入婚姻后却感觉生活过得兵荒马乱。在结婚之前，我们有必要反思一下，下一站真的会幸福吗？我真的准备好了吗？

人在年轻的时候总是充满热情，一旦相恋就恨不得天荒地老，一眼白头。

刘子扬是一个阳光帅气的大男孩，多才多艺，喜欢唱歌跳舞。在大学里，刘子扬就加入了学校的声乐部，这里聚集着一群爱好音乐的人，刘子扬打算在这里组建自己的乐队。

然而每个人的生命中总有许多不期而遇。在一次朋友聚会中，刘子扬认识了白晶。白晶是摄影专业的，去过很多地方，拍过各种优美的照片，并且十分健谈，绘声绘色地向大家讲述了许多地方的异域风情。博学多识、青春靓丽的白晶吸引了许多人的目光，这其中就包括刘子扬。在才艺 PK 阶段，刘子扬一边弹吉他一边唱歌，眼睛一直朝着白晶的方向看。白晶坐在角落静静地听着，看着台上的男孩像闪光灯一样吸引着他人的目光。

在聚会上，刘子扬和白晶聊起了天，他惊喜地发现两个人竟在同一所大学上学，这让两人有了很多共同话题，聊到最后，刘子扬表示学校旁边有一家味道不错的餐厅，如果方便的话，他明天就可以带她去尝一尝，白晶羞涩地同意了。随后，两个人的往来日益频繁，他们会相约去图书馆、相约吃饭、相约去看演唱会等，不久，两人就开始了人生中的第一场恋爱。而这时距离他们相识也只过了一个月。

刚在一起的时候，刘子扬并没有找到合适的乐队人员，所以并不怎么忙。他会陪白晶去图书馆看书，陪她去公园采风，两个陷入热恋的人觉得生活十分美好。

这样美好的日子转瞬即逝，刘子扬找到了合适的乐手，和他们组成了自己梦寐以求的乐队。乐队刚组建，大大小小的事很多，自然也没有时间去顾及白晶的感受了。

白晶虽然感到失落，但她是一个善解人意的女孩，刘子扬忙的时候，她就尽量不去打扰他，但是刘子扬太沉浸在音乐中了，白晶来看他，他只是说一句“来了”，让白晶一等就是一两个小时；白晶有时给他打电话他也不接，发了短信他有时也不回。

为了音乐，刘子扬忽略了白晶的感受，有时候他可以两个星期不和白晶联系，也不接电话，不回短信。这样白晶越来越生气，长久的忍耐后，两人爆发了恋爱中第一次激烈的争吵。刘子扬知道是自己错了连连道歉，说乐队稳定下来就好了，到时候一定加倍对白晶好。

毕竟是自己喜欢的男生，白晶心软了，又过了几个月，两人在磕磕绊绊中走完了大学时光，刘子扬的乐队和一家酒吧签订了驻唱协议，白晶也在一家影视公司找到了工作。生活稳定了，结婚自然也提上了日程，虽然白晶的父母不看好两个人的婚事，觉得刘子扬的工作并不稳定，并且工作时间多为晚上，两人的生活未必能相合，但白晶依旧想坚持这份感情，并希望这份感情能够更加长久。

婚后两人度过了一段甜蜜的时光。白晶会为两人做好早饭并为刘子扬留好午饭，会在休息的日子里去刘子扬所在的酒吧听他唱歌，回忆两人的青春；刘子扬会准备两人的晚饭，会在清晨回家的时候为白晶带来沾着露水的鲜花。

随着两人工作越来越忙，生活中的问题也越来越多，两个人能够在一起相处的时间也越来越少，白晶没有时间再经常去酒吧听歌，刘子扬在家的时候话也越来越少了，不知不觉中，两个人之间的感情在慢慢变淡。直到有一天，休假的白晶想到已经很久没有去听歌了，但在她踏入酒吧的那一刻，她看见一个年轻的女生正在给刘子扬送花，而刘子扬也欣然接受了。

这件事情彻底点燃了白晶的怒火，她把手里的包往刘子扬身上一扔便跑了出来，街上冷风阵阵，白晶的心也渐渐冰冷，她想起来已经很久都没有听过刘子扬唱歌，刘子扬也很久没有送她花了，晚上吃饭也多是在外面吃，她也记不清上次两人促膝长谈是在什么时候了。而她自己因为工作太忙，对刘子扬的关心也大不如前。

刘子扬追了出来，向她解释那只是一个普通的听众而已，白晶却明白不论女孩是谁，都只是一个导火索而已，他们的婚姻已经摇摇欲坠。白晶没有纠结于女孩的问题，而是问刘子扬还喜欢她吗，而刘子扬愣了一下，半晌没有给出答案。他们都知道，以往热烈的感情已经在平淡的生活中被消磨掉了。

两个人平静地离了婚，周围的人不禁议论纷纷，但并不觉得意外。

之后的两三年刘子扬都是自己过的，经此一事他变得成熟了不少，攒了一些钱开了一家小餐厅，请了年轻的乐队驻唱，自己只在一时兴起时唱上两首歌。这天，几个大学同学在这里小聚了一下。借着酒劲，同学们抛开了以往的忌讳，问起了刘子扬和白晶的事情："为什么当初那么相恋的两个人还是离了婚？"

"我把婚姻想得太简单了，总以为婚姻和恋爱一样，但事实上婚姻意味着更多的责任，我没有肩负起自己应负的责任，也没有什么成长，两人的感情慢慢的就淡了。我们从恋爱到结婚进展得太快了，可能都没有思考好婚姻的责任。"

"后来，你有去找过白晶吗？"

"没有。她现在已经有了男朋友了，那个人挺好的，比我靠谱多了，他们两个人很幸福，而且我也不想让她再回忆起以前的不快。"

同学们又是一阵感叹。

无疑刘子扬和白晶曾经是热恋过的，但在步入婚姻的时候，两个人都没有认真思考过婚姻的意义。婚姻意味着更多的责任，无论外面的生活多么精彩或者有多少压力，都应该肩负起自己应付的责任。我们在结婚前也要思考，我真的准备好做一个丈夫 / 妻子了吗？我们的婚姻真的会幸福吗？如果能够给出两个肯定的答案，那么两个人就能够开启幸福婚姻的大门。

恋爱的终点是婚姻

遇到刘健的时候，佳佳刚刚结束了一段长达 3 年的恋爱。佳佳和那个男人感情不错，她也一度认为这就是将要和自己共度余生的人，但交往了很长时间，同龄人纷纷结了婚，那个男人却没有和她聊起过结婚的话题。佳佳曾试探性地提起两个人的未来，那个男人却表示将婚姻视为囚笼，连忙转移了话题。几次试探后，佳佳明白了他的意思，心灰意冷之下，两人最终分手。

在之后一次陪朋友相亲的时候，佳佳遇到了同样是陪朋友过来的刘健，相亲的两个主角没成，刘健却喜欢上了佳佳。

两个人都很喜欢文学，喜欢写作，有同样喜欢的作家和作品，都喜欢去看展览或听讲座。之后刘健经常邀请佳佳去听讲座，并和她交流心得，两人聊得也十分投机。慢慢地，刘健也会邀请佳佳一起吃饭、一起逛街等，佳佳对他也十分欣赏，但对于恋爱仍心存芥蒂。刘健看出了佳佳有心事，并不紧逼，所以虽然两人关系密切，但谁也没有提出要交往的话题。

刘健默默地关心着佳佳，在她的生活里平平静静地陪伴了她两年。

直到一次跨年晚会，一群人约着出去玩耍，朋友却因为小事情和佳佳吵了架，把她晾在了一边。当刘健得知佳佳很难过的时候，马上出去找她，他穿过有些拥挤的包间，在人群中牵住了佳佳的手，离开了让她不开心的地方。走在路上的时候，一言不发的刘健把佳佳换到里面靠着墙的那侧，自己抵住来往的人群，体贴地说了句："走里面，不会那么挤。"

在刘健的细心呵护、精心照料下，佳佳终于从上一段拖泥带水的感情中脱离出来。她感觉到，和刘健从仅仅是认识的朋友，到成为无话不说的好朋友，直到现在想和他每时每刻都在一起，虽然只过了两年，却如同在一起了很多年。

两人的感情最终修成正果。和刘健在一起后，佳佳感觉十分踏实，在以往的感情里，她总是习惯低姿态地对别人好，总是表现得十分懂事，而刘健的体贴和关爱却让她感受到了不一样的幸福。

相恋一年后，两人终于在一个飘着雪花的早晨牵手进了民政局许下了爱的誓言。

俗话说，不以结婚为目的恋爱都是耍流氓。话糙理不糙，因为我们虽然知道恋爱哪儿都好，不用担心种种烦心事，能够专注于感情，但我们很难谈一辈子恋爱。无论是传统观念还是父母催促，我们或早或晚地都会走进婚姻中，因为这不仅代表你们的爱情得到了结果，更是一种法律意义上的保障与陪伴。

你永远都有时间等一个对的人

张爱玲曾经说过："在对的时间遇到对的人，是一种缘分；在对的时间遇到错的人，是一种不幸；在错的时间遇到对的人，是一种无奈；在错的时间遇到错的人，是一种残忍。"

在对的时间遇见对的人是人们对于爱情和婚姻的美好期待，宁缺毋滥是许多人对于爱情和婚姻的态度。寂寞是每一个人都会面临的，如果在寂寞的时候，你依然有自己的原则，那么上帝一定会格外照顾你的。生活也好，爱情也罢，如果你都抱着不凑合的心态，那么你一定会在对的时间遇见对的人。

就像李荣浩唱的那首歌一样："你一出场别人都显得不过如此，谁能逼我将就。"我有一个认识很多年的学员，直到 32 岁那年她才找到心之所爱。

乔乔是一个经济独立、非常有气质的姑娘。她长得并不让人觉得惊艳，但是让人感到十分舒服，而且性格也不高冷，是一个温柔优雅的女孩。身边的人总喜欢给她介绍各种优秀的男生，如某名牌大学毕业的博士生、医院的外科医生等，但她却始终没有遇到对的人。

乔乔一直都有许多追求者，大学时期，暗恋她的一个男生远在千里之外的地方读书，但男生依旧会时常来乔乔的学校看望她，并给她带各种小礼物，乔乔虽然很感动，但还是拒绝了他。

大学毕业之后，乔乔开了一家花店，有个仰慕她已久的男生在情人节的时候，在她的花店买了 99 朵肯尼亚玫瑰，说送给自己的爱人，结果那束玫瑰却让乔乔签收，上面还多了一枚钻戒。这个男生虽然为乔乔花了很多的心思，但乔乔感觉两个人并不合适，所以就果断拒绝了他。

心理学中存在一条“吊桥效应”，即当一个人提心吊胆地过吊桥的时候，会不由自主地心跳加快。如果这个时候，碰巧遇见另一个人，那么他会错把由这种情境引起的心跳加快理解为对方使自己心动才产生的生理反应，故而对对方滋生出爱情的情愫。一时的感动并不代表长久的心动，因此不要因为某一刻内心起了波澜而选择和他人在一起。乔乔正是清醒地意识到了这点，虽然她的很多追求者会用各种不同的示爱方式让她感动，但在她觉得没有遇到对的人之前都一一婉拒了。

现实生活中很多女生特别容易感动，但感动并不是爱，如果仅仅因为感动就与他人在一起，那么这段感情也难以长久。毕竟谁都不可能一辈子都会做让人感动的事，很多人都是得到之后就不再珍惜，日子一长，没有了感动的滋润，生活就会变得凑合，凑合着在一起，早晚都会分开。所以，千万不要因为感动而和他人在一起。这点乔乔就做得很好，虽然她的很多追求者会用各种不同的示爱方式让她感动，但在她觉得没有遇到对的人之前，都婉拒了。

终于有一天，在32岁那年，乔乔遇到了她的真爱，生活总是特别怜爱努力又自爱的女孩。

乔乔喜欢踏实的、能给她安全感的男生，但之前的追求者未必不能做到这一点。面对朋友的疑问，乔乔说："你有过被某种很真诚的东西打动的感觉吗？你想见他，他想见你，没有过多的套路，不刻意营造感动，在你需要他想见他的时候他就出现在你的面前。当时我觉得好温暖，忽然落下泪来，他拥抱着我，告诉我未来有他在，不会让我受一丁点的委屈，那一刻我心里暗想，他就是我32年来一直要等的对的人。"

或许遇到对的人的时候，不需要合理的逻辑，也不需要人生大道理，很简单的一个触动、一个瞬间、一个念头，就让女生有了明确的答案。

乔乔的男朋友没有她之前的追求者那样浪漫，不会挖空心思哄她开心，但是他会每天下班后陪乔乔看店，会送乔乔回家，会记得乔乔喜欢吃的菜、喜欢的颜色，送的礼物并不名贵，却是乔乔十分喜欢的。

爱情不是一时的感动，这种长久的陪伴更能够让人感到心安。两人相恋两年后，在乔乔34岁这年，步入了婚姻殿堂。

无论岁月多么无情，上帝一定会给你留一个特别的人来宠爱你、守护你。一生很长，特别的人值得你去等待，即使现在没有遇到，对的人一定会在某一天出现在你面前。

爱情之所以让人痛苦，也许是因为，你遇到的不是对的人。遇到对的人，便会觉得岁月静好，只觉得，有他在身边就好。两个人在一起，无须挖空心思地讨好、无须煞费苦心地装扮、无须处心积虑的套路、无须心机手段、无须想方设法地寻找，与他在一起，能活出你原来的样子才是好。

第 2 章

婚礼过后，爱情发生了什么变化

进入婚姻后，女性会变为女人，男性会变为男人，这意味着两个人都要肩负起自己作为妻子或丈夫的责任。

结婚之后，你可能会发现对方“变了”，他不再浪漫、不再细心、不再体贴，逐渐成为平庸的存在。“人生若只如初见，何事秋风悲画扇。”你们之间的感情如果都像初次相遇那般相处该多好啊，就不必再面对当下的不如意了。

我们是否真的明晰对方的社会角色?

女人与男人的婚前婚后角色需要分开来讨论，原因在于女人在婚前以及婚后的情感需求变化并不大，始终是对安全感的需要，即不断确认对方是否还爱自己，确定没有选错婚姻对象，确定是幸福的。因此女人在婚前以及婚后的情感需求较为连贯，不会出现较大的波动。

但女人对安全感需求的强度与着重点会产生一些差距，这也就造成了很多女人对婚后生活非常不满。本节就将通过男人婚前婚后的变化来告诉读者，男人为什么婚前婚后会有这么大的不同。

1. 社会角度

我们都知道一个男孩在出生以后，他的舒适时间，即社会没有给他压力的时间可能不会超过三年。过了三岁以后，如果一个小男孩在外面被别人欺负得哇哇大哭，妈妈可能在第一次会为他打抱不平，可以容忍；第二次会抱着安慰他，可以容忍；但如果如此反复了三五次之后呢?

妈妈会在夜深人静的时候跟爸爸讨论：为什么我们的儿子这么软弱？为什么总是在外面被欺负？很多男孩也许三岁以后，刚刚有了一点心智时，他最常听见的一句话就是男孩子要勇敢，男孩子不可以说做不到，不可以爱哭；男孩子是全家的避风港，需要保护别人。

所以很多男人在他还小的时候，就被剥夺了表达的权利，被身边的人贴上了标签。他承受了这个社会给予一个男孩子既定的角色人格，就是不能够有软弱的感情，因此他缺乏感情表达的能力。随着他们长大，他们就更不会表达感情。

这是我们女人所不能明白的，因为我们没经历过这种事。思想的隔膜阻碍了我们理解对方的所思所想，女人在婚后认为男人什么都不愿意和她说，生活中完全没有温馨的沟通；而男人则觉得女人太过唠叨，很多琐事根本没必要说出来。这便是婚姻中某次吵架的导火索，这一点相信很多读者也能感同身受。

2. 心理角度

社会中存在很多既定的社会文化，它给予了男人一个既定的社会角色，也给了女人既定的社会角色。但作为女人来说，我们在感情上面就宽松太多太多了；我们可以开怀大笑，可以痛快地哭，但我们却很少在生活中看到男人将情感表达得如此饱和。

我曾经看过一段网络上的视频，一个外卖小哥蹲在马路边哭得泪流满面；他面对镜头哭着说工作巨大的压力，妻子催促尽快回家，孩子等着辅导功课。如果不是有人刚好看到了去拍摄去安慰，外卖小哥的家人也许都不会知道他的这次情绪崩溃。男人的社会角色就是这样，他们需要表现得强大，即便在家人面前也是这样。

日本有一个专门写爱情小说的作家名叫柴文门。柴文门的爱情小说受到很多女生欢迎，他最有名的一本书叫作《东京爱情故事》。柴文门曾经对于男人对待感情这件事情，用了这样一个比喻：爱情对一个男生来讲就是在这个屋子里头所挂的一幅画，但是爱情对于女生来说就是在这个屋子里头播放的一首歌，我们可以想想看这有多么大的差距。

我们今天在一个大房子里头，可以同时挂 10 幅画并且这 10 幅画之间是没有任何影响的；但我们不能在一个房间里同时听两首歌。这样的行为谁都不能忍受，两首歌放一起听就让人感觉头昏脑涨，这个例子说明了什么呢？

男人把爱情挂在墙上，是用来收藏的。但男人对于爱情的忠诚并没有改变，只不过他在完成了这幅画以后，就要把精神放在另一幅画上。爱情对男人来说更像生活的一部分，而不是全部；女人则不然，她们中的很多人会把爱情当作生活的大部分。

所以如果把我刚才说的第一个理由跟第二个理由放在一起，你就能够明白男人实际上在现代社会是很辛苦的。因为他们从小没有示弱的机会，没有给他表达感情的训练，所以他不太能够消化自己负面的情绪。

当一个女孩子有负面情绪的时候，她们随时可以打电话给妈妈或者闺蜜哭诉对方的不好；但男人不会，因为他所接受的教育便是自己要坚强，要成为别人的避风港。

不管从社会角色还是心理角度来看，男人跟女人是不一样的人。所以在婚前女人可能有比较多的妥协与忍耐，因为这时对方还不是你法律意义上的配偶；但婚后女人会通过各种变本加厉的方式来证明对方是否还爱我，因为已经没有回头路了。

男人跟女人在婚前跟婚后的这些心理落差造成了婚姻当中的情绪管理困难，这便是夫妻之间吵架的根源所在。

双方都需要做出改变

结婚前我们不用去管谁给他洗衣服、做饭，他的生活习惯、作息这些事，因为这时你们之间只有纯粹的感情；你们需要操心的只有明天去哪里约会，晚上订哪家餐厅。如果你们最终选择了结婚，那么你一定会明白这是你们最快乐的一段时光，纯纯的无忧无虑。

但我们需要明白，结婚与恋爱需要截然不同的两种心态。

结婚后一切都会改变，我们需要为对方洗衣服、做饭，适应他的生活习惯、作息等，因为这时候你们生活在一起了，自然要面对复杂的现实；你们需要担心衣服堆了两天还没洗，两个人工作很忙谁来做饭等诸多问题。继而你们开始争吵，互相指责对方不做家务，不过纪念日。

既然你们当初的奔赴都能是双向的，那么改变也不难做到双向。我们来看接下来的例子中，他们如何做出改变。

她和他在大学相识，刚刚进入大学，在热闹的班级活动中，他一眼就看到了坐在角落里的美丽文静的她。自我介绍时，每个人都来了一段才艺表演，而她为大家唱了一首歌，他听得如痴如醉。

之后，他对她展开了猛烈的追求。他会在早上给她送早餐，省下一个月的零花钱给她买生日礼物，每天晚上都会给她打电话，给她讲身边的趣闻趣事，只为哄她开心。

他会在下午下课的时候在教室门口等她，带她去吃各种小吃。半年之后，他们逛遍了学校的每一个角落，逛遍了学校周围的小吃街和商场，她也成了他的女朋友。两个人甜甜蜜蜜地度过了四年的时光，毕业的那一年，两人顺利结了婚。

结婚之后的她依然像一个小公主，他也十分宠她，做饭、做家务等都是他来做，她下班回家后只需追剧，就能等来可口的饭菜。她不想宅在家的时候，他也会利用周末带她到周围的地方玩耍。两人有争吵的时候，他也会第一时间认错，然后哄她。在她看来，结婚后的生活与结婚前并没有什么不同。

一次，她给他发消息说要他晚上回家的时候买一点她爱吃的水果，结果由于他加班，赶到水果店的时候水果店已经关门了，他两手空空地回家，她又为此和他争吵了起来。她生气地跑出家门，他出去追她，为了让她开心，他一脸宠溺地说："宝宝，不要生气了，我看到团购网站有一个餐厅在做活动，已经团好票了，咱们两个去吃吧。"

那个活动确实挺火爆的，餐厅坐满了人，只能拼桌。拼桌中有一对青年男女，两个人像刚刚恋爱的样子，饭里有一个煎蛋，女性把蛋黄挑了出来，男性问："你不喜欢吃蛋黄，是吗？"姑娘点点头，男性笑了笑说："巧了，我不喜欢吃蛋白。"

看到这一幕，她忽然想到两人恋爱的时候也是如此甜蜜，她爱吃水果但是不爱剥水果皮，他就每次吃水果都给她剥好皮。一次过情人节的时候他还送了她两罐自己剥好皮的瓜子和开心果，当时宿舍的舍友都笑他傻，她也有些难堪，但现在想起来却十分感动。而结婚后他对自己也十分好，反观自己却还是和恋爱时一样，没有尽到一个妻子的责任。

她终于明白了，婚姻是一场持久的征途，他努力为两人的生活添砖加瓦，她也要为婚姻付出自己的努力。

她开始改变了，在他下班的时候，她会给他做好吃的饭菜，等他下班回家，她会在他烦恼的时候给他鼓励，会在节日给他惊喜。他惊喜于她的转变，两人的生活也更加美满。两人会并肩走进他们第一次约会的餐厅，会在吃完饭牵手在公园散步。

也许女性在恋爱的时候被百般宠爱，结婚后也被另一半捧在手心里，这是极其幸运的；但女性不能只注重享受而忽略付出，因为结婚后，女性就变为了女人，要肩负起自己的责任，照顾好自己的家庭，这样婚姻才能够长久。

生活习惯的磨合

彼得狄雄说："婚姻的难处在于我们是和对方的优点恋爱，却和他的缺点生活在一起。"

世界上没有两片相同的树叶，当然也不会有两个生活习惯完全相同的人。如果因为生活习惯这种事情争吵，那只能说明你们之间存在沟通障碍，这些事在婚姻的诸多问题中甚至排不上号。大不了你一、三、五，我二、四、六，或者干脆每周请个家政，重要的是沟通与改变。我们来看看下面这个例子中，他们如何做出改变的。

她和他的爱情无疑是让人羡慕的，两人相恋于高中，即使大学异地，两人的感情也并未变质。大学毕业后两人结婚时，周围的亲人朋友都献上了祝福，觉得他们的婚后生活也必定十分美满。

但两人的婚后生活并不十分美满，结婚后，两个人都对对方有了更全面的了解，他们发现两人的生活习惯有太多的不同。

她喜欢把家里收拾得井井有条，但他却并不注意维护，总是经常把屋子弄乱；她洗衣服时总会把衣服分开洗，但是他却总是嫌麻烦地把臭袜子卷在衣服里；她习惯早睡，他却喜欢熬夜打游戏，激动之时大喊大叫吵得她睡不着觉；她想让他下班后早些回家帮忙做家务，他却总是和朋友聚会晚回家。

他喜欢每天早晨拉着她去跑步，她却喜欢赖在床上不肯起床；放假时，他想带她出去逛逛，她却在家追剧不肯出家门一步；他想养一只喜欢的狗狗，她却以掉毛多不好打扫为由拒绝了他；他最爱吃猪肉馅的饺子，但她却从不吃肉馅。

在一起生活后，两人才发现他们的生活习惯太不相同，两人各有各的坚持，总会因各种小事而争吵，有一段时间，两人几乎天天吵架。

又一次激烈的争吵过后，看着她默默垂泪，他的心里也十分难受。他知道，吵架是解决不了问题的，只会激化矛盾。于是，两人进行了一次长谈，并达成了共同意愿。

他必须尊重她的劳动果实，维护家里的整洁，要洗的衣服也按她的要求整理好，晚饭后可以玩一会儿游戏，但是不能超过一小时。家里可以养一只狗狗，但是他必须承担一部分家务，每次做饺子可以做两个馅的饺子，同样他也不能袖手旁观。这些他都同意了。

同时，他也给她制订了一个计划，如每天早起半个小时一起跑步，一个月至少有两次出门爬山或去其他地方玩。允许自己和朋友聚会，他会尽量减少不必要的聚会，也会和她报备聚会的消息。这些她也都同意了。

两人经过一段时间的磨合后，日子总算恢复了常态，而随着两人感情的升温，他越来越喜欢回家陪她，喜欢分担家务；她也喜欢上了户外运动，喜欢陪他到处旅行。

婚姻是需要磨合的，每个人都有不同的生活习惯，但是这些不同的生活习惯不能成为吵架的理由。当生活习惯不同时，两人最需要做的是沟通，通过沟通找到解决问题的办法，只有这样婚姻才会幸福。

结婚后，怎么变了个人呢?

很多人都会感慨，为什么结婚前那么完美的一个人，结婚后却变得不像他了?

也许当初男人在追求你的时候，确实因为你而改变了他的一些喜好。比如他本来喜欢科幻片，但因为你喜欢爱情片而跟着一起看；比如他喜欢打游戏，但因为你喜欢看书而放下鼠标；再比如他喜欢吃辣而你喜欢清淡的口味，所以你们当时约会的餐厅都是粤菜餐厅。

一个正常的人不会突然做出与以往截然不同的事，你要明白他之前只是在迁就你，而不是真的突然变了爱好。

但哪有人能忍一辈子呢? 他可以忍一天、一个月甚至几个月不去打游戏吃辣条，但他做不到一辈子不做这些事。这时我们开始烦恼，我们认为结完婚对方就变了，他开始变回最初我不喜欢的样子，那些我不喜欢的爱好他又找回来了。

这是双方的错误。他为了实现和你结婚的目的而选择忍耐，但忍耐也只是忍耐，总有爆发的时候；你为了让他离你更近一点，让他做出了他不喜欢的改变，但不喜欢的就是不喜欢。

我说得很绝对，也许有些男士真的能因为你而改变，那恭喜你获得了阶段性的胜利。生活中的更多现实是婚后的男性结束了忍耐，变得随心所欲，你们就此开吵。

这是婚姻的一个阶段，只要双方肯坐下来好好聊总能过去的。当你们习惯婚姻生活的时候，才知道相比浪漫，更多的是平淡的生活和鸡毛蒜皮的家事。她可能会变得爱唠叨，他可能变得更忙碌，但不变的是，两个人的心中都有彼此，相比于以往浪漫的表达方式，他可能会想给你实实在在的幸福。

在婚姻生活不如意，觉得对方像变了一个人的时候，我们不妨静下心来，透过现象看本质，思考对方是否还爱自己。这时我们可能会发现。唠叨的背后是关爱，工作忙碌的背后是想创造更好的生活。

罗曼蒂克的爱情变了味

爱情和婚姻是有本质区别的，这二者分别对应理想与现实。

就像许巍在歌里唱的那样：“曾梦想仗剑走天涯，看一看世界的繁华；年少的心总有些轻狂，如今你四海为家。”也许你最终会明白平平淡淡才是真，也许你会认为浪漫才是爱情的终极奥义，这两种生活方式都合理，重要的是对方怎么看待。

经过七年的恋爱长跑后，他和她终于走进了婚姻的殿堂。他们相恋于校园，结婚时她在一家传媒公司做服装设计师，而他也成了自己所在公司的小领导，春风得意。

他们的恋爱十分甜蜜，他是一个既细心又浪漫的人，她喜欢吃虾，他就把盘子里的虾全部剥好；她喜欢吃石榴，他就把石榴一粒一粒地剥出来；吃炸鸡的时候，他把吃完肉的骨头摆成一个心形的样子；吃西瓜的时候，他也会把西瓜切成一块一块的，然后把瓜籽挑出来。

她也十分爱他，她会为他准备爱心午餐，会花费一周的休息时间为他织一条围巾，会攒好久的钱为他买一份生日礼物。两个人在一起总有说不完的话。他们觉得，两个人的生活能够永远幸福下去。

可婚姻与恋爱是不同的，结婚之后，房贷、车贷像两座大山，压在了他们的身上。为了多挣一些钱，他不得不和客户拼酒，她也不得不选择回家继续工作。他每天回家都十分疲惫，不要说给她花样切水果这些琐碎的事，他连打扫房间这些必要的家务也不想做。而她也没有时间和心思再去研究摆盘花样，匆匆做完、吃完饭就想着要研究设计方案。而他除了工作之外几乎两耳不闻窗外事，亲人、朋友之间的人情往来也都是她要费心的。

结婚三年之后，他的工作越做越好，职位也又升了一级，快节奏的生活终于能够稍微慢下脚步，结婚三周年之际正赶上周末，为了好好庆祝一番，她特意做了许多他爱吃的菜，还准备了蜡烛和红酒，想要和他一起吃烛光晚餐。他回家时她还在研究一个菜的摆盘，难得过一次结婚纪念日，她想要准备得精致些。而他却在抱怨她为什么现在还没做好饭，她刚要解释，他接到一通电话，喊了一句“我出去吃”，就出门了。

留下她孤零零地站在厨房里，最后一道菜还没有摆好盘，饭菜还没端上桌，蜡烛也还没点，但现在她却什么也不想做了。他回家了，没有为她准备任何礼物，甚至还要出去吃饭，显然已经忘了今天是一个多么重要的日子。在这样一个重要的日子里，他把她单独留在了家。

她想着，生活怎么就变成了这样？明明两个人以前也是十分恩爱的，现在却这样陌生，罗曼蒂克的爱情好像已经变了味，发出霉变的味道了。

事实上，恋爱中的人都充满热情，有足够的时间和精力去做一些浪漫的事情，因此恋爱也显得十分美好。而走入婚姻以后，生活压力的增加、层出不穷的琐碎事情等都会消磨人们生活的热情，罗曼蒂克的爱情也十分容易变质。

但这并不是无解的，无论生活怎样，我们都应保持对生活的热情，对待爱情和婚姻也是一样。也许结婚后的生活会变得平淡，但在晚餐时分享生活、在结婚纪念日时为另一半准备一束鲜花这样的小事是十分容易的，而这样的小事也会为婚后的生活增添一些罗曼蒂克的因素，使两个人的婚姻生活更加甜蜜。

第3章

婚姻不是爱情的坟墓，而是新的起点

一些人总认为婚姻是爱情的坟墓，因此即便两人相爱也害怕进入婚姻，其实并不应该这样，婚姻并不是爱情的坟墓，只要两个人好好经营婚姻，就能够体会到婚姻不同于恋爱的别样的幸福。

婚姻不是碰运气

万一他真是我的白马王子呢？万一相处一段时间就心动了呢？我们可能面对婚姻，或多或少地都会产生这种侥幸心理，但婚姻不是碰运气，它是你经过深思熟虑后，依然确定愿意与对方共度一生的生活事实。

许多人对婚姻并没有明确的思考，不知道自己想要什么样的婚姻，或者觉得自己难以遇到理想的婚姻，于是就开始碰运气，在家人的建议下草草结了婚。这样草率的婚姻真的能得到好结果吗？我们不妨来看接下来的这个例子。

她从小到大都是标准的乖乖女，小区有个阿姨一直很喜欢她，总是夸她人长得好看、嘴又甜，谁娶了她都是上辈子修来的福气。的确，她的性格很好，热情又开朗，无论见谁都是大老远打招呼，深受长辈们的喜爱。

这位阿姨是个热心肠，非要给她介绍一个男朋友，她妈妈性格也温和，不想拂了这个阿姨的好意，于是便劝她：“你看，阿姨这么费心，你们加微信聊一下吧。”

她只得加了那个男孩的微信，结果没聊几天，她就觉得这个男孩并不是自己喜欢的类型。男孩不善言辞，每次聊天都以“吃饭了吗？”“吃的什么”开场，并且两个人也没有什么相似的爱好，有时她把一个特别感兴趣的内容发给他，他却很快转移话题。并且他的工作也十分忙，两人约了两次都没有成行。她觉得他并不是自己的真命天子，也不想再继续聊了。

她向妈妈以及阿姨表达了自己的想法，但阿姨却为她上了一堂相亲课说：“我问过男方了，人家挺中意你的。这个男孩在市区有三套房两个店面两辆车，父母也都有稳定的工作，他自己工作也十分努力，这是多好的条件。阿姨是看着你长大的，知道你人好，也孝顺，才想给你介绍个好的婆家，你将来要是嫁过去了绝对不会受苦受累。我们做长辈的都知道，嫁个好人家比什么都强。”

这位阿姨劝了半天，最后她妈妈也被说动了，想想这位阿姨说得也很有道理，就开始帮着说服她。她的妈妈劝她：“女儿啊，我知道你想找个自己喜欢的，可遇到自己喜欢的人真的有那么容易吗？多少人都没有嫁给爱情，可她们生活得也十分幸福。结婚后多是柴米油盐，爱情是没有什么用的，再说你现在也不小了，再等两年，就更遇不到合适的了。”

她被妈妈的一番话说得心中烦乱，不知该如何是好。只得按照她们的意愿，继续和这个男孩相处。

转眼一年过去了，她也在两家人的催促下和他结了婚。父母亲朋都感叹她嫁了个好人家，但身在婚姻中的她却知道自己过得并不幸福。

结婚后她就在他的要求下辞了工作，除了做家务外，还会不时地去店里照看生意。可店里每个月的收入都是他来管的，每月家里的花销都要向他要钱。刚结婚的时候两人的关系还算不错，可时间长了，男人就暴露了脾气坏的本性，经常因为一点小事就与她争吵。做饭做咸了、衣服买多了，甚至回娘家次数多了都会成为他们争吵的理由，而她只要一反驳，男人就会说："你吃我的、穿我的、花我的、住在我家，有什么资格和我吵？"

每每这时她就万分伤心，根本不知道怎么化解矛盾。有时候发生争吵时，她也会向婆婆求助，但结婚前十分好说话的婆婆现在也仿佛变了一个人，只会站在男人的立场上说话，即使是男人做错了，她婆婆也会说："他在外面工作不容易，脾气差一点也是情有可原的，你要学会体谅他。"

她有苦说不出，只得暗自悔恨。

婚姻不是碰运气，不要想着遇到对的人很难，不如遇到一个条件不错的人就嫁了，这样的选择往往不会有好的结果。婚姻需要用爱情做基础，两个人在婚姻中遇到问题才能更好地沟通，携手共渡难关。

“爱情＋面包”，才会有完美的结局

爱情究竟是有价的，还是无价的?

一位大学教授曾做了一个关于爱情的测试，测试对象是 50 对情侣。在 50 对情侣恋爱期间，这位教授提出谁要是能分手，就给他一万块钱，很多人都表现得很不屑；当价码抬到十万元时，有一些人开始动摇了；当价码抬高到一百万元时，很多人都选择了分手；当价码抬到了一千万元时，90% 左右的人都会选择分手。

也许我们不能用金钱来衡量爱情，但不可否认的是，没有金钱的爱情也难以长久。很多年轻人会纠结于要爱情还是要面包，但事实是既有爱情又有面包，两个人才有最好的结局。

这终归是你早晚要面对的事，一味地逃避这个问题没有意义。我们需要承认：感情的精神基础要建立在物质基础之上，否则就是空谈。我们不妨看看下面的故事，没有物质基础的婚姻是怎么样的。

晓东和夏夏是一对让人羡慕的情侣，两人同届，从大三开始恋爱，如今已毕业两年，正在筹备结婚。这天，一向开朗的晓东却愁眉紧锁，原来今天夏夏给晓东打了电话，在电话里，夏夏向他传达了夏夏的父母对结婚的各项指示，提到了一些物质条件：必须在城市里买房、彩礼不少于20万元，要不婚事免谈。

对于一个刚毕业两年的人来说，这些硬性指标显然很难实现。在几天之前，晓东和夏夏打电话商量，说是中秋节双方父母出来见一面，聊一聊两人的婚事。夏夏也同意了，可是等到她给家里打电话询问意见时，她父母的要求却如同晴天霹雳，硬生生地把两个人热情的火苗浇灭了。

面对夏夏父母提出的这一要求，晓冬急得夜夜失眠，刚毕业两年的他，哪里能拿得出那么多钱在城市里买房啊？晓冬出身于农村，家里几代都是务农家庭。爸妈常年在外打工，省吃俭用地供着晓冬上学，根本没有多余的积蓄买房，再加上父母已经年迈体弱，自从晓东工作后，就不让父母再打工了，所以一时半会儿他根本无法满足夏夏父母的物质要求。

而夏夏也觉得父母的要求有些过分，她知道晓东的家庭根本满足不了父母的物质要求，但她十分珍惜两个人之间的感情，也相信两人的生活能够越过越好。

夏夏的母亲苦口婆心地劝她：说现实的过日子是柴米油盐酱醋茶，不要被所谓的爱情迷惑，没有房子以后根本无法在城市立足生活，光还房贷都会压得你们喘不过气来。但夏夏不愿意考虑那么多，她觉得，只要有了爱情，面包总是会有的。

在夏夏的坚持下，彩礼减半，还将自己的积蓄交给了晓东，晓东和父母东拼西凑付了房子的首付，两人在磕磕绊绊中结了婚。

然而婚后的生活却并不像夏夏想象的那样幸福。两人每个月除了还房贷，还要还当初向亲戚朋友借的钱，而除了生活花销外，晓东也会每月给父母一笔生活费，这些支出一笔一笔地都压在了两个人身上。在这种情况下，两人都没有什么心思再谈情说爱，只是一门心思地想着挣钱，即使是这样，两人的生活也过得十分清苦，夏夏的生活质量也直线下降。

这都不是最难熬的，最难熬的是因为两人始终攒不下钱，也不敢生孩子，所以这件事就这么被搁置了下来。婚后五年，同龄人几乎都已经做了妈妈，夏夏却还天天为每月的欠款发愁。

这时的夏夏几乎忘了恋爱时的甜蜜，她总是想起结婚前妈妈的劝说，也逐渐意识到妈妈的话是对的，自己选择结婚真的是太冲动了。

物质基础是一个广义的概念，包括你们当下的资产，你们未来的职业发展潜力，远见与事业心等等衡量指标。如果你们在一起，连最起码的上进心都没有，那么爱情不过是一纸空谈，和玩闹没什么区别，更何谈婚姻。

我们不妨用上一代人的视角去思考这个问题，也就是为什么你的母亲经常说一定要找个条件还可以的结婚，爱不爱的都是其次。我们有些女性听了可能不会很赞同，觉得爱情才是一场婚姻中最为关键的要素，有了爱情面包还会远吗?

如果你是一位母亲，女儿只想要爱情不想要面包，宁可放弃家里优渥的生活跑去吃苦，你真的愿意你的孩子这样下去吗？我们的父母正是因为吃过这个苦，才会跟你说这样的话。她明白没有物质基础的爱情乃至于婚姻什么都不是，你或许能吃几个月甚至几年的苦，就为了和对方相亲相爱；那如果把时间线拉长，十年二十年呢？

你们每天都在为生活所累，不再有闲心去经营这场婚姻。你们要担心房贷、担心车贷、担心保险，如果你们想有个孩子，那更是个遥遥无期的事情。养孩子花费的金钱与精力远比前面这些加起来大，你们会因为现实的经济条件无限搁置孩子的事，但现实却不会因为你们不要孩子而变好，因为房贷、车贷都不是一两年能够还清的。

可是你们的青春是有限的呀，到头来你会发现，你的全部青春似乎都蹉跎于拮据的生活了。你不再娇生惯养，不再是家里的小公主，开始计较菜价，跟别人争价还价，失去曾经的那份天真。

所以我们女人一定要为自己寻找一个合适的归宿，倒也不是说一定要对方大富大贵，但一定不要让自己被生活摧残得面目全非。唯有爱情＋面包，才能有完美的结局。

婚姻不是爱情的围城

“婚姻是一座围城，外面的人想进去，里面的人想出来。”

看过《围城》这本书的人可能都知道这句话，乃至于没读过这本书的人也有所了解。但这句话其实是一句万能的“套话”，你仔细琢磨是否生活中的很多事都能套进这句话？就像那句“一千个读者就有一千个哈姆雷特”是一样的，都可以套用到各种场面以及事情上去。

但其实我所理解的围城二字并不是婚姻带来的禁锢，而是一种思想的矛盾。

用《围城》的男主人公方鸿渐来举例，他是一个平庸的人，但这并不可怕，因为我们大多数人都是一个平庸的人。方鸿渐没有娶到唐晓芙，但看到赵辛楣和苏小姐结婚时却觉得不过尔尔，因为方鸿渐明白他们的感情也不过如此。

我们在“上帝视角”会发现，我们拥有不了只有在梦里才会出现的完美女性唐晓芙，因为她是被作者用了十分的偏爱才刻画出的人物；我们也不想拥有鲍小姐这样刻画得十分消极的人物，因为这同样是作者刻意勾勒出的反面案例。我们最终会作为一个平庸的人，选择平庸的另一半，最终度过平庸的一生。

我们之所以觉得婚姻是爱情的围城也是如此，因为我们的结婚对象不可能是十全十美的存在，所以我们感到不甘心。我们不想承认接下来的数十年中，自己将要与一个不完美的人相处、生活，结婚本该是两个十分相爱的人才能做的，不是吗？

但其实婚姻无须太过深刻的爱情，你娶到或者嫁给的也许并不是你的“白月光”，但这种不完美本身也是一种完美。因为我们都不够好，所以我们去追求变好的方法；虽然我们不是对方的理想型，但我们仍然拿着捧花走了红毯。

这才是一种对婚姻的超脱。

围城困得住你的人，却很难困得住自己的内心。也许我们并没有准备好被婚姻困住一生，但只要你们的心中还有爱情、亲情哪怕一种习惯，这些都足以让你挣脱婚姻的围城。

心灵的自由才是真正的自由，是任何形式的“围城”都困不住的存在。

陪伴是最长情的告白

我们不妨在这里讨论一个比较深刻的问题，为什么要结婚？因为传统的观念？因为父母的催促？

我想都不是，婚姻的意义在于陪伴，因为没有谁是能一直属于你的。我们的父母总会有老的一天，心有余而力不足；我们的朋友有结婚的一天，他们最终属于他们的家庭。在社会种种复杂的关系中，唯有婚姻能够一直陪伴着你，你们互相属于对方，成为继亲情后第二亲密的关系。

我们不妨用一个简短的场景来求证这一点。

一个普通的冬夜，女儿在那屋已经睡了，你拿起床头的一个苹果问身边人：吃苹果吗？

他笑着回答道：削好皮就想吃。

你一边骂他这么懒还想吃，一边还是乖乖地照做，两个人吃着苹果各看各的手机，并没有什么言语交流。

可是如果没有这么一个人，屋子里冷冷清清，你拿起苹果却无人分享，你又会是什么心情？

你可能会说：又不是一定要结婚才能给人削苹果，朋友不也能做到这一点吗？当然可以，无论是安全感还是烟火气，没有婚姻我们通过朋友也能获得。但朋友终将也会有自己的家庭呀，你不能缠着他一辈子都只和你在一起。爱情，或者说婚姻其实是一种对对方的独占欲，你们两人之间一路走来互相扶持、陪伴对方到老。

也许婚姻同样孤独，你的万种想法说不出口，还是有一些情绪无法言说；就算可以偶尔任性，但还是理性的成分更多；或许你也不敢相信你们之间能白头偕老，没准哪天就会出现一些意外情况。

这些想法都是正常的，正如婚姻本身就不可能完美，但大家还是趋之若鹜地追求一样。时间是检验世间所有感情的最好方法，陪伴才是最长情的告白，我们不断用时间向对方证明我对你的爱没有消失，而是超脱成为一种更为高尚的存在。

这种存在无法用语言或是文字表现出来，因为人与人的悲欢很难相同，这是只有我们经历过才会明白的一种心情。

就像现在，我独自在单位看着外面的霓虹闪烁、车水马龙，但不会感到失落或孤单，这便是我所理解的婚姻的意义。

因为我知道有人在等我回家，这远比一万句告白更让我感到温暖。

第4章

“男人来自火星，女人来自金星”

都说“男人来自火星，女人来自金星”，男人与女人在思维方式上存在很大差异。人与人之间的区别有很多，但其中最个性化、最鲜明、影响最深远的差别，是双方的思维方式差别。

婚姻中的两个人在一起久了总会有矛盾，于是爆发争吵。但事实上很多时候，男女双方很难分出谁对谁错，争吵的根源只是双方对于问题的认知不同。我们要想经营好婚姻，就需要了解男女之间思维的差异。

男女之间的思维差异与生俱来

英国BBC多年前曾启动了一项研究计划，他们寻找了50万人参与调查问卷，随后安排100多名专业的精神科医师以及心理专家对结果进行分析。之后的一年中，BBC利用统计到的数据，拍摄了一部长达6集的纪录片，名字就叫《男女有别》。

纪录片播出后，结论被世界上大多数研究婚姻关系、两性关系的学者以及心理专家所认可。这个纪录片用数量众多的实验来向观众证明：男女之间思维的差异来自双方本身大脑构造的不尽相同。

据研究，男人的左脑在思维时，右脑基本是静止不动的；当右脑在说话时，左脑基本上也是静止不动的。我们称其为区块状的思维，也就是男人在用脑时仅限于目前使用的区域。

而女性则不同，当其左脑开始运动时，右脑也在运动；所以女性的思维方式呈现一种散性思维，也就是女人在用脑时经常是左脑右脑一起使用。

男女之间人脑的结构不一样，使用的区域不一样，做出的判断也就不一样。因此男性很难琢磨女性在想什么，女性也很难猜测男性会怎么回答，沟通的障碍就此显现。

研究人员找了一批受试者，男女分别戴上耳机，右耳的耳机与左耳的耳机分别播放不同的短句，这些短句之间毫无逻辑性，要求他们默写刚刚听到的句子。

结果一目了然，男人摘下耳机时只能非常困难地写出几个隐约记得的关键词，但女人能够把左耳听到的和右耳听到的都写下来，并且正确率超过 80%。这样的结果也印证了我们前方所述的区块状思维与散性思维，男人需要决定使用左脑思考还是右脑思考，而女性可以同时使用两边思考。

男性更喜欢用发现问题—解决问题的思维模式来和女性沟通；但女性更倾向于用发现问题—为什么会出现这个问题作为思维模式。所以作为女性，我们需要在与男性的沟通中注意多描述现象，少描述感受，用直球出击。

第二个实验的受试者是 5 组男女，他们需要分别坐上一辆豪华加长礼车。实验人员从酒店门口将他们接上车送到实验室，司机一面开车一面聊起世界局势，还故意说太太出轨了，和朋友有染。

受试者抵达了实验室，精神科医师问他们，你们刚刚在车上聊了什么。

五个男人不约而同地都能把那辆豪华加长礼车的仪表盘有多么炫酷、方向盘多么奢华形容得淋漓尽致；而当医师问这 5 个女人聊了什么时，她们则更倾向形容看到司机被出轨很可怜，非常同情他。

这个实验的结论是：男性往往对物体的记忆较为深刻，而女性通常对于情绪因素的记忆比较好。这个实验应用于现实，便是经典的女性喜欢翻旧账，而男性生气为什么你总是忘不掉过去的错误。男人与女人因为大脑构造不同，所以我们的思维方式与表达方式都不尽相同。

如果男女之间的思维方式差异是由生理先天决定的，可能很多人会问难道就没有能够互相理解的方式了吗？答案是否定的，因为先天因素只是决定了男女的思维定式，但不能阻碍我们之间进行沟通，互相理解。我们需要正视这种差异，用后天的沟通、理解来打破禁锢，跳出互相不理解的怪圈。

男人与女人的关注点不一样

常说男人偏理性，女人偏感性，思维方式的不同导致我们在看人看物方面的关注点也不一样。

季林在一家广告公司上班，因为本月工作突出被领导在群里表扬了一番，同事们也纷纷在群里祝贺，心中十分高兴。回家就让林烟看了群里的领导对自己的表扬，希望能得到她的夸奖。

但林烟却并没有表扬季林，而是指着聊天记录中的一个头像说："这个女人是谁，为什么给你发这么多祝贺的话？你被表扬了她很高兴？"

季林一头雾水，解释道："这只是公司的一个同事而已，可能只是想表现自己吧。"但林烟还是觉得别扭，季林哄了好久才将她哄开心。

看吧，本来是一件升职的好事，反而变成了两个人吵架的原因。这个例子反映的其实是相当普遍的现实：我向你"邀功"，而得到的是一盆冷水。如果你是这个季林，还会和林烟分享自己生活中的点点滴滴吗？

我想不会，因为我们都明白“说多错多”的道理，不说就不会踩雷；但长此以往林烟又会觉得我们之间竟然连话题都没有了，相顾只剩沉默。

上述的想法于我，于读者，于夫妻关系，都是值得思考的问题。不如回到这件事的起因，一个知性的女性会把关注点放在事上，鼓励说：“不愧是你，又升职了！”

我们可以假设这样的回答能模拟出什么场景：季林很开心林烟的鼓励，抱起她转了几圈，开心地说自己以后一定继续努力，给家庭更好的生活。

我们为什么要把关注点放在一些根本没必要的事情上？换位思考是防止自己找错关注点的良药，这也就是共情带来的力量。

男人是直线思维，女人是曲线思维

男人和女人的思维方式有很大不同，这在双方的吵架中表现得淋漓尽致。比如男人说："你能不能讲点道理？"而女人却会说："你竟然敢吼我？"这时男人一脸茫然："我哪儿有吼？只是说话声音大了点，不是在和你讲道理吗？"而女人会说："讲道理你不能好好讲吗？你都吼我了，你不爱我了。"

男女之中类似这样的吵架并不少，往往男女在一件事上争吵不休，但其实在很多时候，并不是其中一方犯了多么大的错，只是在争吵中，男人和女人的思维模式不同而已。

如果想维护好婚姻，必须懂得男人思维和女人思维的差异。

男人的思维是理性的、重视逻辑思考、目标感强。比如男人往往会想："我什么都让着她，但她做错了我就要纠正。"而女人重感觉，需要倾诉，需要陪伴，需要确保自己是被爱被保护的。比如女人往往会想："他为什么不顾及我的感受？为什么听不出我的言外之意？"

由于男人和女人在思维方式上存在差异，其在沟通表达方面和对于事情的关注点也不一样。

男人更注重整体，女人更注重细节。男人会从事情的大方向看待问题，有明显的大局观；而女人更倾向于关注一些细节问题。比如，男人喜欢规划两个人的未来，而女人更关注生活中两个人相处的细节。对于许多女人而言，男人的陪伴、照顾远比承诺更让她们感动。

在两人吵架时，男人更注重问题本身，女人更注重感受。男人会认真分析问题，想着以后如何避免这类问题；而女人在意的是在处理问题的过程中，男人是否关注了自己的感受，男人的态度是否诚恳；男人会思考如何用缜密的思维逻辑说服对方；但是女人对此并不买账，她们更注重沟通中的感受，关注男人对她的语气，是否忍让和迁就她等。

对于同一件事情，男人更注重结果，女人更注重起因。在面对问题时，男人一般想的是如何解决这个问题，而女人往往想的是为什么会发生这样的事？她们更想了解事情发生的原因，分析男人说话的初衷。

虽然大多数情况下，男人和女人的思维方式有很多不同，但这并不妨碍男人用女性思维去思考问题，女人用男性思维去思考问题，学会转换思维能够更好地处理生活中的矛盾。

再遇到思维差异矛盾时，男人可以尝试这样思考：“我也未必是对的，就算错在她，我也要照顾她的感受。”而女人也需要控制一下情绪，多一些理性，更客观地看待问题。

生活中很多男女之间发生的矛盾，原因都在于他们不够了解对方。当两个人共同努力时，这段婚姻才能经营得更加美满。

男人经常沉默，女人经常唠叨

语言是人类的一项伟大发明，随着社会的进步，各种语言都越来越精细、准确。但从逻辑的角度看，语言是无法完全表达人们心中所想的，这句话没错，但它对普通人来说没有意义。从交际学和心理学的角度看，人们常常用语言表达与心中所想不符的意思，而当时自己并不清楚自己的语言在表达错误的意思。

婚姻中两个人有效的沟通有利于维护和发展夫妻感情，避免误会和冲突。但是，由于男女之间交流方式的差异，其表达方式往往会成为两个极端：男人经常沉默，女人经常唠叨。男人厌烦女人的唠叨，而女人也讨厌男人的沉默。长此以往，夫妻之间极易产生隔阂，最终导致双方产生冲突、相互指责、伤害夫妻间的感情。

为什么男人经常沉默，女人经常唠叨？

在恋爱中，女人容易被爱情冲昏头脑，往往会放大男人的优点而对其缺点视而不见。但结婚后，女人从恋人变成妻子，她们的心态也发生了变化。为了家庭的发展，女人往往会督促男人，无法对男人的缺点视而不见，唠叨也就不可避免。

同时，婚后的安全感、依赖感使女人更愿意把自己对家庭生活各方面的感受说给男人听，想得到男人的肯定和赞扬。此外，婚后的生活和工作都会对女人造成很大压力，女人需要向男人倾诉，面对将生活重心放在工作上的男人，女人往往会通过唠叨的方式吸引男人的关注。

对于很多男人来说，步入婚姻后会产生一种稳定的感觉。婚前，他们为了博得女人的欢心，总是百般讨好；但婚后他们往往会忽略对妻子的赞美和与妻子的沟通。由于工作的劳碌，男人回到家后更想享受家的温馨和轻松，并不想多聊天，也不愿意面对妻子的喋喋不休。这种变化也会使女人感到失落，因此会用唠叨来弥补这种失落感。

女人的脾气总是疾风骤雨，来得快去得也快。女人一旦生气就会急于发泄出来，而不是压抑在心底，情绪发泄完后，她们也能够很快恢复；而男人则不一样，如果男人产生了不良的情绪，往往不愿意让人发现，以维护男子汉的尊严。

婚姻中有一种常见的现象就是，男人明明心情不好，却不愿意和女人沟通，这会使女人很不高兴，认为夫妻间的信任出现了裂痕。而男人也非常害怕女人的喋喋不休，即使这些唠叨的话都是对他们的关爱，也往往令人难以招架。这会造成夫妻间沟通的困难，加深夫妻间的隔阂，久而久之，两个人的感情也会走向破裂的边缘。

如何解决这一问题？女人要直率地表达自己的想法。很多女人总是希望只要自己一个眼神，男人就可以明白她的意思，但男人的思维往往拐不了那么多弯。

于是女人会觉得委屈，甚至开始唠叨，其实这是没有必要的。女人在和男人沟通时，一定要清楚地表达自己的意思，如实说出自己的感受。有些时候，女人总会以抱怨的方式来表达对男人的关心，但这样的行为反而会让男人更加反感。这时拒绝抱怨和唠叨，只需告诉他你很担心他，你关心他，会让男人感动于你的关心。

而在面对女人的唠叨时，男人也不能总是保持沉默，不妨认真思考一下，女人的唠叨是不是为了表达对自己的关爱？是不是自己没有给到她足够的安全感？这时男人不妨给女人多一些关爱，表示一下对女人的感谢，相比于沉默和争吵，有时一个拥抱就能化解一场矛盾。

用合适的“度”与矛盾并存

婚姻中的男人向往独立空间，享受自由的幸福；但婚姻中的女人更喜欢两个人的世界，享受甜蜜的幸福。

正是这样矛盾的需求导致了女人的安全感日益减弱，男人对自由的渴望日益加深，形成一种恶性循环；即你越想留住我越想出去，你越想出去我就越想留住你。

这样的逆反心态在青少年阶段与婚姻阶段体现得最为明显，我们需要明白男人为什么向往自由，女人为什么缺少安全感，而我们给予对方自由的“度”又在哪里。

1. 男人为什么向往自由

男人对婚姻的恐惧往往和女人对婚姻的态度有关，女人往往会将婚姻当作生命中最为重要的部分，用尽心血呵护和经营，对外来者的侵略剑拔弩张，对内不留任何空间。

有这种想法的女性不在少数，但我们不妨用一个简单易懂的哲学理论来判断这种行为的对错。“内部矛盾是决定事物变化发展的根本原因，决定着事物的性质和发展方向。”换言之，即你对你丈夫的影响程度要远远大于外部对他的影响，你的婚姻政策宽松，他就会感到舒适；你的婚姻政策紧缩，他就会感到不适。

一旦男人感到不适，他就会开始回忆你们当初甜蜜的生活，并与当下形成强烈对比，从而萌生出“早知道不结婚了，好想要结婚前那种自由啊”的想法。

我们有些女性太过担心婚姻这堵围墙出现裂缝，让男人对婚姻生活感到万分束缚。但这些女性其实并没有恶意，她们认为夫妻间的关系越亲密越好，总是试图把男人拴在自己身边。殊不知，婚姻围墙打造得越坚固，越会激发男人对自由的渴望。这和物极必反是一个道理，没有任何一个人希望每天生活在牢笼里。

2. 女人为什么缺少安全感

我们听说有些人结婚后发现经济大权掌握在男人的手中，他口袋里有钱了就特别容易有外遇；我们听说有些人结婚了之后，婆婆就搬进家里，经常产生矛盾；我们听见有些人结婚了以后变得特别温柔，老公就开始欺负她。

所以我们听风就是雨，开始认为我一定要控制住男人，不让他去外面花天酒地；就算我做不到，也要努力去做，这是在婚姻当中常常引起冲突的一个认知。

这样的心理不光是男人，连我听完都会感到一阵窒息；如果将你放在这样的境地里，你难道不会感到烦吗？很多时候我们可能是在结婚前听了太多可怕的事情，对还没有发生的事感到恐慌，然后将这种恐慌付诸行动，先下手为强地扼杀一些还没有发生的事。这样的行为对对方是极其不公平的，不要用你毫无根据、不切实际的想法强加到对方身上，没事找事。

我们听到了他人的不幸，然后将这种不幸迁怒于我们本来正常的生活，这又何尝不是一种不幸呢？

3. 自由的“度”又在哪里

都说距离产生美，如果男人稍微拉远一点距离女人都要不依不饶，那么美又从何而来呢？如果婚姻关系中缺少了美，那么这样的婚姻也缺少了趣味，无法让双方都获得快乐。

当然距离过大也不会存在美，如果男人经常不在女人的身边，那么他对女人的感情就可能会发生改变，甚至导致婚姻破裂。

凡事皆要有一个“度”。

几乎所有的男人都渴望在婚姻中拥有一片自由的空间，他们需要在这个空间中自我反思，找回自我。婚姻中的男人总是阶段性地想要逃离，有时表现为行为上的逃离，有时表现为精神上的疏离，但一段时间过后他们就会恢复原状，甚至比以前更爱女人。

很多女人不理解男人这一点，在男人行为怪异时总会认为他有了二心，并开始无理取闹，结果只会让男人更加想要逃离，更向往一个人的生活。还有一些女人认为，男人应该首先顾及她的感受，否则就是不爱了，这样的想法显然是自私的，男人和女人需要懂得互相尊重。

在男人自我反省、总结的时候，不要去阻止他，给他留下一定的自由空间，让其能够自我调节；因为你自己同样需要进行一个阶段性的总结，来判断接下来的婚姻生活需要怎样运营。然后在双方都想明白，都能够理解对方的感受时收紧这段关系，那么这就是一个合适的“度”。

收紧的时间节点是关键，让他感到“其实你挺好的，就是太缺少安全感了，我们没必要闹得这么僵”时，便是收网的好时机。

婚姻中切忌自以为是

别把你认为好的方式拿去对待别人，这种行为纯属吃力不讨好。

“我以为”这三个字太片面了，根本无法应用于生活中的大部分时候。我认为这首歌真好听，所以你也要喜欢；我特别喜欢吃茄子，所以你也要喜欢；我认为你应该感谢我，但你没有。

这时争执便发生了，我们不再温声细语地给予对方礼物，而是开始生气，开始委屈对方为什么不接受你对他的好，我们用接下来的例子来看透自以为是的后果。

她和他结婚快二十年了，然而却最终也没有走到第二十年。争吵了半辈子，在征得孩子的同意后，两人走进了民政局。离完婚后，两个人走出民政局，男人说了一句：“再一块儿吃顿晚饭吧。”

女人想了想，虽然两人离了婚，但毕竟一起生活了这么多年，以后也会因为孩子再次见面；两人又没什么深仇大恨，只是日常生活中小吵小闹，一起吃顿饭也是应该的，于是就答应了。

他开车来到两人经常去的一个餐厅，下车的时候，他还是下意识地帮她开车门，两人一起走进餐厅时，他还是会帮忙推门等她先进。

她不爱点菜，于是他点了菜，不一会儿服务生送来一盘糖醋鱼，男人夹起一块鱼给女人，说："吃吧，这是你最喜欢吃的菜。"

谁知女人却红了双眼："我真有些讨厌你，你这个人就爱自以为是，只要你认定的事情，都是自己说了算，从来不管别人的感受，你居然连我喜欢什么菜都不知道，结婚这么长时间了，难道你不知道我最讨厌吃的就是鱼吗？"

男人沉默了半晌，再开口时声音也带了哽咽："你总是不了解我对你的心，我不善言辞，自打我们结婚以来，我时时刻刻都在想，要如何才能讨你的欢心。我总是把最好的留给你，你不知道吗？我最喜欢吃的就是糖醋鱼，但每次吃鱼时我都会让你先吃，你总说我不爱你，但你应该知道，爱其实不是天天挂在嘴边的，而是实际的行动。"

女人的情绪也有些崩溃："是啊，你说得对，我每天洗衣做饭、收拾家务，照顾你的起居，每天在你耳边唠叨今天要多穿衣、出门要带伞、提醒你吃药、提醒你控制饮食，结果你还是每天都和我吵，嫌我唠叨。走到今天散了，以后不妨碍你过清静日子了。"

两人的心里都有些唏嘘，但也知道彼此之间的裂痕太深，再也难以继续往下走了。罗马不是一天建成的，同理，悲剧也不是一天就能造成的。糖醋鱼是小事，唠叨是小事，嫌烦是小事，一件件的小事加起来，促成了离婚这件大事。

自以为是的后果就是离别。吃完这顿饭后，两个人分道扬镳，他向东走，她向西走；两个还深爱着彼此的人却因为沟通出了问题而分开。

很难说两人之间没有了感情，两人婚姻破裂的原因就是都是在自以为对对方好，太过自以为是，只看到了自己的付出，而没有看到对方的需求。长此以往，两个人心中都有委屈，矛盾自然也就多了。他们的所作所为只是感动了自己，却没有感动到对方一丝一毫。

“我以为”这三个字在生活中所体现出的意义，不过是我在向对方强加自己的喜好。男人和女人在思维方式、情感表达方面存在较大差别，但许多人往往忽略这一点，一些男人总是做得多，说得少；一些女人总是做得多，说得也多。

但事实上，不把爱讲出来总会让女人忽略爱，说得太多也会让男人忽略女人在婚姻中的付出。如果婚姻中的两个人都自以为是地用自己认为正确的方法对对方好，而不注重沟通的话，同样也会使婚姻走向末路。

任何悲剧都并非独立的存在，而都建立在他人之上。这段悲剧源于双方自以为是的付出，除此之外再无其他。婚姻中切忌自以为是，男女之间的思维方式不同，也许一方表达情感的方式并不被另一方所理解，反而会受到对方的埋怨，最终的付出也没有了价值。只有以对方能够接受、能够理解的方式表达情感，才会使婚姻不断升温，这样的婚姻也才能走得更加长远。

第5章

家庭是情场，不是战场

家庭是情场，不是战场，很多人都不明白这个道理，总是在产生矛盾时将另一半视作敌人，使出各种伤人的招数来伤害对方，甚至还为自己的“胜利”而沾沾自喜。这是婚姻中的大忌，家庭不是战场，另一半也不是敌人，将另一半当作敌人只会损伤两人的情分，破坏婚姻的稳定。

在婚姻关系当中避免不了吵架，但怎么聪明地去吵架，怎么让吵架成为我们之间感情的催化剂，这便是一门精妙的艺术。

婚姻经不起指责和挑剔

无论在什么形式的沟通交流中，人与人之间都会有产生矛盾的时候，当矛盾已经摆在面前时，我们必须想办法解决这个矛盾，以免让双方的关系恶化。解决矛盾的方式有许多种，而大部分的矛盾是不涉及原则的，是个人情绪方面的问题，我们在处理这些矛盾时，适当使用调侃的语言可以起到不错的效果。

几乎所有破碎的婚姻，都经历过挑剔和指责，“良言一句三冬暖，恶语伤人六月寒”。对于婚姻来说，语言的表达更是一门学问。婚姻经不起指责和挑剔，不要对身边最亲密的人讲出带有恶意的话。

当今社会高速发展，人们的生活节奏也在加快，人与人打交道的频率也越来越高，而许多人在日常生活中产生的负面情绪，大多是因为各种各样的小矛盾。不善于处理小矛盾的人，他的小矛盾也会越来越多，渐渐地，心理感受越来越糟，烦躁、抑郁等问题接连出现。

在我们的沟通交流中，大部分的矛盾看起来很难解决，僵局似乎难以打破，但它们其中也常常包含着幽默、夸张、无聊、荒诞等成分，我们只要发现这些成分，用调侃的语言让它们暴露出来，那么僵局就会被打破，矛盾与冲突就会无影无踪。

当我们面对矛盾与僵局时，如果也像对方一样较真、执迷，那么必定会导致双输的局面，因为由琐事引起的争吵是无法结束的，谁都说服不了对方，只会越来越严重。在这类事情中，不被情绪左右的人都可以找到一个或多个关键之处。

关键之处就是可以让他人明白矛盾的原因，矛盾原因有一定的特殊性，但更多的是普遍性，这个普遍性就是“这是因小事引发的小矛盾，你没必要被这种小矛盾左右情绪，看开一些嘛”。用调侃的语言让对方明白这个“普遍性”，矛盾就瞬间消失了。

爱情和亲情不一样，亲情基于血缘关系，而爱情则基于人内心的感觉。这种感觉是十分脆弱的，稍有不慎就会被破坏。婚姻经不起指责和挑剔，这些都会使得原本圆满的婚姻充满裂痕，时间久了，一次争吵都可能成为压死骆驼的最后一根稻草，婚姻也将最终土崩瓦解。

吵架其实是一门艺术

只要你结了婚，或者是你在两性关系当中，不可避免地会遇到的一种状况就是吵架，所以我们这一节讨论的主题是吵架也是一门艺术。

我们也许会听过有人这么说：我们已经结婚四五十年了，这辈子从来没有吵过架，从来都没有红过脸，两个人永远都是和和气气，相亲相爱的。而有些未经世事的小姑娘会觉得：好羡慕这种相敬如宾的爱情啊！

但这真的是不可能的，我每一次听到这种话，都觉得这是在粉饰太平、在骗人。我是个脾气相当好的人，多年生活中从未和“外人”吵过架；我曾在恋爱之前觉得接下来的生活也是如此，我们一直不会吵架。

但婚姻还是给我之前的空想打了脸，我粗略数数今年都要吵了一只手的数量；即便是我这种好脾气的人都能吵这么多次，换作脾气暴一点的女人就更不用提数量了。吵架的原因也是五花八门——工作、作息、态度；重新回味之后只剩痛苦，还有一点愤怒的回甘。

但这并不意味着我和我先生要过不下去了，这也就是为什么我在之前的表述中用了“外人”两个字。

举个最简单的例子来说，你敢不敢跟你老板吵架？我相信你一定不敢，但老板说的每一句话你真的都认同吗？你对于老板做的每一件事情都心悦诚服吗？当然不可能，但是你不敢当面和你的老板吵架。因为你还想要这份工作，如果你和老板吵架，老板一生气把你开了，你就喜获下岗。但你可能偶尔会和同事因为意见分歧吵上两句，因为你知道他不会把你开了。

只有敢于吵架，才表示你对这段关系是放心的，你觉得和吵架对象之间的关系是安全的。很多时候我们之所以不敢吵架，不敢把内心的想法说出来，是因为我们对这段关系还不是那么有把握；所以害怕说出自己心中的想法，这段感情就到此结束了。

再说一个进阶版本的例子，拿我们的家庭生活来说。你敢和你妈吵架，因为你们是有血缘关系的，也就是说她是你亲妈；所以你不管说了什么话，她不会不要你了，也不会不爱你了，吵完之后她还是你妈。

你们的母女关系不会因为一次吵架破碎，可能过一阵子你们两个又会和好如初，手挽手地去逛街。但如果你面对的是你的婆婆，我真的建议保守起见，除非实在是压抑得真的过不下去了，否则尽量以和为贵；因为在这段人际关系中，你们之间的关系是经不起吵架的。哪怕你和婆婆不发生争执，你们之间都很难说是一种和谐的关系，那么你就可以想象你们发生争执后的场景会有多不堪。

以上的例子让人不难明白，吵架反而是一种亲近关系的体现。但我们也要明白，吵架需要一个限度。不能两个人每天都在吵架，或者三天一小吵，五天一大吵；然后越吵情绪就开始变得越暴力，逐渐地升级到肢体暴力；然后我回我的娘家，你吃你的泡面，乃至于感情最终破碎。

所以我们来聊聊怎样处理在婚姻当中避免不了的冲突，冲突必须要建立在一个安全的界限上，这个界限不仅仅是肢体上的，还包括心理上的。并且我在这里需要强调：家暴是一段婚姻中的绝对红线，是双方决不能迈出的第一步。

心理上的安全界限，在于我们不能够因为吵架然后损及我们两个最初选择在一起的心动。我们需要在一场争吵中始终把我们是爱彼此的，我们想要让日子变得更好放在首要位置。

暴躁：毁坏幸福的导火索

国外有句谚语：为了玫瑰，给刺浇水。意思是说，为了得到自己希望的结果，必须忍受一些精神上的芒刺，并将它们化为自己前进的动力。

在人与人的交流中，难免遇到他人的嘲讽、挖苦，甚至辱骂，有时对方是我们的好朋友，他可能因为某些特殊的事情，当时的心情特别糟糕，然后把怒气撒在了我们身上。这时我们如果也被激起了怒气，反唇相讥，那么两人的关系终将走向破裂。

也许事后双方都会后悔，而对于我们来说，当时如果冷静一些，压制住自己的怒气，想办法调节朋友的情绪，让他回到冷静的状态。那么事后他还会感谢我们，更尊重我们。

我们自小就受到过关于情绪控制的教育，正如有的父亲说：“你在爸妈面前耍耍性子还可以，在外人面前得控制自己的情绪，否则有你吃亏的时候。”

每个人都是理性与感性并存的，也知道控制情绪的重要性。但在人际交往中，“对自己情绪的综合控制能力”是一个没有人能得满分的难题。

人不可能完全地不受情绪影响，但被情绪左右的程度是因人而异的。这个程度越高，这个人就越难得到他人的好感；这个程度越低，就越有利于提高朋友亲密度、人际关系质量及事业发展速度。

人难免会遇到一些令自己的情绪大起大落的事，但很多场合，我们不宜把自己剧烈的情绪变化在外人面前表现出来，因为我们要考虑到他人的感受，以及别人对自己的看法。

当一位朋友说了一句特别令人生气的话时，理智的人不会瞬间心态爆炸，愤怒回击；而是通过理性思考，想出一个办法，既让这位朋友明白所说的话是伤人的，应该改正，又不会让朋友难堪，破坏双方的关系。发泄自己的情绪只能获得一时的快感，却会换来许多负面的影响。

一些人温柔的时候总是含情脉脉，但往往生气时却十分暴躁，如果控制不了自己的情绪，不仅让另一半受委屈，还会成为毁坏婚姻幸福的导火索。

当夫妻之间产生争执的时候，我们之间绝对没有0和1的关系，这种争执并不是非黑即白的二极管状态。在当下，尤其是年轻的恋人非常容易步入这种场景当中，就是我们已经忘记了我们刚才吵架的原因是什么了。

我们吵着吵着就模糊了最初的话题，当初争执的那个东西已经不重要了，开始变成我们两个都脸红脖子粗地对骂，开始恼羞成怒；我们都觉得我非把你压下去不可，因为我不能输，就上升到了一个面子的问题，上升成竞争对手的问题。

如果说你们今天仍然是一对恋人，那我们两个中间还没有做出庄重的承诺，我们还不是一个家庭当中的成员，也许你偶尔允许自己在面子情况下分个是非曲直。但如果今天我们两个都已经做出承诺，尤其是我们又有了孩子，我们就必须明白：我们之间不再是竞争对手，不是彼此要刺伤对方的关系。

我们所有的争执无非是希望能够达成一个更好的结果，让这个家能够走到更好的一个境况。所以如果既然我们之间不是对手，没有深仇大恨的关系，就没有必要因为所谓的面子而吵得不可开交。

所以一定要记得，如果你一旦觉得我们吵着吵着，刚才吵架的那个目的是什么，我已经忘记了我们的重点是什么，已经变成我们两个情绪的对垒。那么就一定要在这个事态失控之前立刻收手，不能再继续吵下去了。

我们在前一节里就强调过家暴是绝对的红线，在这里还是需要再确认一次，不要迈出让你后悔的第一步。也不要认为我作为女性可以动手，而对方不行；这种想法太过幼稚，如果你先动了手，那情绪同样上头的对方不会还手吗?

当争执发展到了一定地步，当男人觉得已忍无可忍了，我们一定要懂得在事态失控之前，立刻收手。如果没有得到想要的结果，那就下次再说；如果讨论不出结果，那就让时间去冷却矛盾。我们作为女性，作为一名新时代的优秀女性，应当学会审时度势。如果这段感情可以挽留，那便尽力去拯救；如果对方迈过了那条红线，就必须及时止损。我们来看看接下来的例子，她是怎么做的。

她和他结婚已经三年了，她美丽大方，待人和善，他年纪轻轻事业有成，在外人的眼里，两个人是让人十分羡慕的一对。然而在他们结婚的第三年，这段看似美满的婚姻却以失败告终。

离婚是她提出来的，朋友们都十分不解，她却态度坚决。如人饮水，冷暖自知，她知道这段婚姻注定无法继续。

刚在一起时的两个人也十分甜蜜，但慢慢的她发现，自己的丈夫脾气格外暴躁。一次，他过生日，那天她恰好在外地出差，本来按原计划她是能够回家给他过生日的，但哪知工作临时出现了意外，她需要在外地多待一天。她打电话向他道歉，允诺等她回去一定给他补上生日，他却大发雷霆，表示这天回不来他一定不会原谅，随即挂断了电话。

她吃了一惊，感到又委屈又无奈，等到第二天回家时，他没有去机场接她，她回家打开房门，发现客厅一团糟，两个花瓶被摔碎，花也落了一地。她只得自己默默收拾干净。等到晚上再看到他时，他却急忙向她道歉，说昨天喝醉了酒，没有控制好自己的情绪，她看着慌乱的他，最终什么也没有说。

她知道了自己的丈夫脾气不好，也明白他大多数时间对自己都是好的。于是她在生活中处处忍让他，尽量不与他争执。婚姻磕磕绊绊走到了第三年。

这一年，由于工作出现了变动，他工作变忙了，压力也越来越大。她觉得日子更不好过了，他总是因为生活中的一点小事就大发脾气，而她的忍耐也到了极限。

一天，他回到家，工作的压力让他心情苦闷，在看到她准备的简单饭菜时心中的怒气再一次爆发，他一把掀掉了桌子上的饭菜，埋怨她现在不重视他了，只做两个菜来敷衍他。而她什么也没说，默默地进了房间。

他发完脾气就夺门而去，第二天，当他冷静下来回家时，却发现餐厅中还是一片狼藉，空荡荡的餐桌上摆着的是一张离婚协议以及一封信：

我知道你最近工作不容易，我也很努力地在体谅你了，你很久没做家务了，我不怪你，妈妈生病了我喊你去医院看看，你说工作忙没时间，我自己去了好几趟医院，我也能理解。但昨天你发脾气却击碎了我对婚姻最后的坚持，昨天我也加班了，只比你早回家半个小时，但我到家大衣都没脱就开始做饭，当然，饭做得简单了些，但我工作也很累啊。你不分青红皂白发一通火，我对你已经没有任何希望了，希望我们能好聚好散。

他愣愣地看完信，心中一片慌乱，冲进卧室一看，果然她的东西都不见了，他们真的要结束了。

婚姻中的暴躁是毁坏幸福的导火索，就像游戏中的人物一样，每当被一句言语的利剑刺中一次，就少一滴血，当所有的血都消耗尽了，这段感情就走到尽头了。

当自己难以抑制暴躁的情绪时，何不试试这个方法：闭上眼睛，让准备脱口而出的话在心里面多转几圈，做几个深呼吸，转移注意力，三分钟之后再开口说话，那时，就会多几分理智了。这个方法很简单，却十分有效，很多时候，我们脱口而出的话都是一时冲动造成的，并没有经过大脑的思考，而随意发脾气，甚至用充满恶意的语言攻击自己的爱人，很可能会摧毁这段婚姻。

控制暴躁的情绪，不讲伤人的话，婚姻才会长久。同时要记住：讲伤人的话容易，婚姻破碎了却难以挽回。

自省：就事论事，切忌翻旧账

在吵架的时候就事论事，如果我们今天吵架的主题是晚上做饭太难吃；那我们就说今天的饭有多难吃，你是怎么做出来这么难吃的饭，无关今天的事不要去提。女人特别容易翻旧账，这是一个普遍性的缺点。

举例来说，你和你的先生讨论孩子要不要去早教中心。你在朋友圈看到了别人跟你差不多年龄的妈妈或者你同事的孩子都去了早教中心，据说效果特别好，老师来自多个国家，一年的花销要五六万元。但你先生就认为你们目前的经济情况不足以支撑这项费用，孩子也还小没这个必要。

然后你就说：孩子就要从小抓起，长大再学不就全晚了吗？你的先生回击你：孩子还小的时候让他轻松点，以后总有不轻松的时候，干嘛这么苛待他。

你听到了“苛待”这个词，直接愤怒了。至此你们两个就产生了争执，但其实今天的争执不过就是为了孩子去不去早教中心。这个话题本身是一个中性的话题，不带任何褒贬色彩。但当你们吵起来了以后，新仇旧恨涌上了心头。

你想起来上个星期他原本说要带孩子去海洋世界，结果大学同学临时聚会食言了。于是你开始攻击他不关心孩子更关心工作，更在乎跟哥们儿在一起吃饭，上个礼拜说好带孩子去海洋世界就没去，你眼里还有没有孩子的教育了。

你开始一件一件事情翻旧账，恨不得翻到你怀孕时有一次你自己去做产检，他没陪你去，连这种事情你都拿出来说。那你有没有想过，这样的行为能带来什么结果？

第一种结果就是显得自己非常无理取闹，先生就会觉得你为什么总是翻旧账，那都是多少年前的事了。因为你每次吵架都会提一些陈年旧事，你的先生会产生一种感觉，就是我这一辈子是翻不了身了；我只要做过一件错事，这个错事就会时不时地被你拿出来说一遍，我这辈子在你面前算是看到头了。

顿时他就像看见自己今后的 50 年或者 60 年后的生活，看到你依然在用没陪你去产检的事吵架，在这个围城当中永远翻不了身。其实说到婚姻中的围城，这个词本来所代表的那部小说《围城》，便是此时此刻相似的光景：人生处处都是“围城”，我们在一盘人生的棋局中浮沉；婚姻则更是一片泥淖，我们分分合合、吵吵闹闹，却始终逃不出这片围城，存在永恒的困惑和困境。

但如果改变不了现实，就去调整自己的心态。我们在决定结婚前就需要想象出往后 50 年婚姻时光中的爱憎离合，并扪心自问是否做好了准备。这段话可能有点言重，但这正是你翻旧账时，男人在想的事情；因此不要把事态弄得如此严重，多想并不是女人的特权。

第二种结果是我们今天本来要好好讨论上不上早教中心，然后得出一个结论。结果我们俩吵翻了，那吵翻了以后呢？孩子到底去不去早教中心我们也没讨论出个结果。显然，这件事情就给耽误了，明天还得重新讨论，乃至于就放弃了。

道理大家都明白，但即使是我这种“婚姻专家”也会偶尔犯这种错，因为翻旧账对女人来说确实是压抑不住的行为。所以我才能把这个过程绘声绘色地说给大家听，但我这个自封的“婚姻专家”，能比各位稍强一点的地方在哪里呢？

在于我心里明白翻旧账这个行为是错误的，所以我会有意识地让自己去修改这个错误。而且我要告诉你们，请你们放心，就是如果你愿意去改变，这个情绪是可以被改正的，所以你会发现你自己犯错的概率在慢慢减少。

也许我今天还会犯这个错误，但是至少不会像以前犯得这么频繁，情节这么严重。

沉默：不失为一种降温的好方式

夫妻发生争执，男人最本能的东西就是那种属于男性的冲动和爆发的脾气。但是理智又告诉他，我不可以这样对我老婆，她是我爱的女人，所以我不能伤害她。我必须收住我要伸出去的拳头和即将吼出来的话。

怎么样才能收住呢？最好的一个办法就是脱离现场，这个事态就不会失控。可是当男人选择沉默，选择脱离现场时，他们常常会说："好了我不跟你说了，我先出去静静。"

其实他想出去静静，不想说的原因是因为他害怕；他害怕做出让他自己后悔的动作，或者是吼了你之后事情会更糟糕。但是我们女人不明白，我们会认为他不想跟我说了是因为他不愿意解决问题，他不想跟我说了是因为他已经不在乎我了。所以我们的情绪立刻就崩溃了，我就非得逼你说不可。

所以你会发现，在整个过程当中，实际上都是我们因为不理解而做出伤害自己的举措，而且更糟糕的是这个场景如果一而再再而三地出现的话，两个人将本来能好好讲的心里话都给憋回去了。

所以慢慢地我们就懂得了这一点，原来他不想说的原因是他一时半会儿找不到说的方式。还有更重要的一点，他试图在阻止更糟糕的情况发生，所以先选择沉默。

如果聪明的你听明白了这句话，以后就千万不要步我的后尘，要允许他们先暂时沉默，不要一直逼迫对方，等到大家都心平气和了，再来讨论昨天没有讨论完的事情。

沉默是金，尤其在双方都收不住情绪时，沉默这一品质尤为珍贵。

第 6 章

成为更好的自己，才能给婚姻“保鲜”

很多夫妻觉得婚后的生活很快就变得乏味了，两人之间的感情也逐渐变淡了，婚姻中的两人一旦有了厌烦的念头，婚姻就难以经营了。因此我们需要想办法为婚姻“保鲜”，让两人之间的感情更加长久。

“保鲜”似乎是一个伪命题

如何在婚姻当中给爱情“保鲜”？这个问题虽然有些肉麻，但也是比较现实的问题。

但我要说的是：为爱情“保鲜”似乎是一个伪命题。因为你不可能在婚姻当中为你的爱情“保鲜”，你的爱情不可能数十年维持相同的“鲜度”。不过在婚姻当中，爱情可以因为你身份的不同而与时俱进。

爱情仍然是爱情，但是它会以不同的面貌出现，为什么呢？我讲一个场景你们想想看。

如果我们结婚了，刚开始还是两人世界，婚前跟婚后没有什么不同，下班后可以一起手牵手去看电影，可以一起去吃饭。

一旦我们的身份变了，成为了父亲和母亲。我们拥有了一个可爱的小宝宝，半夜经常哭，需要按时喂奶，需要换尿片；我们的注意力就会从彼此身上转移到我们的新成员身上，这个就是我们的身份产生了变化。

但我们能说有了宝宝之后，我们的爱情就变质了吗？

不会的，不如说这个可爱的宝宝反而成为了你们婚姻生活中的

“防腐剂”。他为你们平淡的生活添加了非常多的趣味与欢乐，为你们起床上班、下班、吃饭、睡觉日复一日的婚姻生活增添一抹亮色。

我们所处的人生阶段会改变，但不变的是我们之间的感情，我仍然爱他，他亦是如此。所以“保鲜”似乎是一个伪命题，婚姻其实是一个重复爱上对方的过程。

做“贤妻”也要做“美妻”

这其实是广大女性比较感兴趣的话题，毕竟爱美之心人皆有之。我们在婚前经常早起化妆，每次约会前都花几个小时打扮自己，对自己的外表充满自信。

那为什么要让婚姻磨损你的美丽，而不是不可逆转的岁月？

一些女性步入婚姻后就没了自我，一心围着丈夫和孩子转，婚姻中凡此种种的琐事将她们原本鲜明的个性打磨得面目全非，失去了打扮自己、保持身材的心情。

因此许多女人一旦结婚后就和婚前判若两人，婚前的她光鲜亮丽、美丽动人；婚后的她却越来越不修边幅，被生活熬成了“黄脸婆”。但美丽不是属于我们自己的宝藏吗？为什么要这么轻易地就放弃？你到底能因为什么重要的事，才愿意以美丽作为代价？

女人爱美是一种积极的状态，说明她们对生活充满希望，并且希望得到他人的夸奖；打扮自己不仅能够将这种积极的情绪传递给他人，还可以让自己更加从容自信，何乐而不为呢？我们不妨阅读接下来这个例子，看看美丽能带给女人什么样的改变。

小慧人如其名，是一个十分贤惠的女人，和丈夫吴超结婚五六年来，几乎没有发生过大的争吵，两人的日子过得和和美美。

一天，小慧和朋友在一家餐厅吃饭，正好遇到吴超和几个同事在聚餐，小慧出于礼貌过去和吴超的同事们打了声招呼。晚上回到家，吴超的脸色明显有些难看，小慧连忙问他："怎么脸色这么难看？工作遇到难处了，还是生病了？"

没想到吴超却说："我每个月的工资都给你，家里没有什么大开销，你也不是特别忙，为什么不多买点衣服，好好打扮自己？今天我的同事都在问我是不是都不上交工资，是不是对你特别苛刻，我说不是，但是他们一个也不信。"

小慧不禁愣了，自从结婚后，自己就很少化妆了，今天出门穿得也是3年前买的旧衣服，看上去似乎真的有些不妥，也难怪吴超的同事会质疑他。

第二天，小慧就约了朋友出门买衣服，除了买了两套衣服外，还买了护肤品和化妆品。之后每天晚上睡觉前，小慧都会留出半个小时护理自己的皮肤，每次出门时也会化一些淡妆。

又过了一段时间，小慧和吴超一起去参加朋友聚会，打扮合宜的小慧除了变漂亮了外，还多了些优雅的气质，许多人都说小慧婚后越来越年轻，也赞美两人婚姻美满幸福。小慧感到开心的同时，也注意到了吴超满脸的幸福。

女人都不想在岁月的流逝中熬成黄脸婆，不想让丈夫看到自己老去的痕迹，不想在丈夫面前展现糟糕的形象。但很多女人一旦结了婚就变得节约，不再买漂亮的衣服和昂贵的化妆品，不注重保养自己，甚至还把自己弄得蓬头垢面。这些都可能使婚姻亮起红灯。

为了更好地经营婚姻，也为了自己更加自信，女人不妨在结婚后多花一些时间在自己身上，将自己打扮得漂亮一点，优雅一点，既要做贤妻也要做美妻。

不要舍不得花时间和精力维护自己的外在形象，即使家庭琐事繁多，没有时间天天化妆，也可以购置一些护肤品保养皮肤，即使不喜欢逛街也要注意给自己添置新装，总之无论何时，都要有爱美的心。

有知识的女人最有内涵

现在社会的发展速度是空前的，人们都要保持学习和积累的状态，不仅为事业和前途，也是为人际关系的发展。放弃了学习和积累的人，渐渐就失去了与他人平等交流的资本，虽然从某种角度说，我们每天都在被动地学习和积累，但这不是我们放弃主动学习和积累的理由。

世界是日新月异的，人的关注点也是日新月异的，与人相关的诸多方面都是日新月异的，人自己本身如果不能达到日新月异的状态，那么就会渐渐被世界淘汰。

有的人，看别人聊天总是信手拈来，觉得别人自带演讲者风范，什么都能说；一到自己与人聊天时却大脑一片空白，不知道说什么好。归根结底，是知识储备量不够，每日局限在自己生活的小圈子，又如何获得谈资？所以在练就一技之长后，一定要涉猎广泛。

对于女人而言，外在美很重要，内涵也同样重要，没有内涵的女人往往会让人反感。而有内涵的女人，无论漂亮与否，都能得到别人的尊重。有内涵的女人就如一杯醇香的茶，让人心旷神怡。

有内涵的女人不人云亦云。一个有内涵的女人是一个不会和他人扎堆听八卦或是说一些闲言碎语，也不会人云亦云地传播八卦，她有自己独立的思想。

女人的内涵由何而来？一定是知识，知识为女人带来的气质变化与其他一切都无法相比。

因此即使步入婚姻，女人也要保持一颗热爱学习的心，广泛涉猎，可以通过阅读新闻、各种图书，学习新知识等众多方式，保证自己是处于成长过程中的。

有了足够的知识做基奠，女人才能沉淀出一种气质、一种阅历，这样才能在交际中表现得谈吐不凡，能够把一件事情讲得头头是道，自信却不张扬。同时这样的女人对事情也有自己独到的见解，十分明确自己的追求。

有内涵的女人能够展现出一种气质，一种魅力，这是她们最吸引男人的地方，对于婚姻中的女人而言也是如此。有内涵的女人也会吸引丈夫的目光，让丈夫被自己的魅力所折服。

用温柔作为你的武器

张爱玲曾说过："善于低头的女人是最厉害的。"通常夫妻间吵架的时候，很多女人都会认为男人应该先低头认错，或者在抓住男人的一点错误后就借题发挥，最终导致矛盾升级。而聪明的女人会承认自己的错误，即使是男人做错了事情，也会温柔地劝解他、原谅他。

男人往往会喜欢温柔的女人，而在婚姻中双方产生矛盾时，与其争吵，不如做一个温柔的小女人，自己做错时撒个娇，承认错误；男人做错时给他个台阶，看到他知错认错后见好就收。

为什么婚姻中的女人更需要温柔？

温柔是在以柔制刚。有时候我们在处理问题时，想的是怎样最快地把事情解决掉，却不会想如何聪明地把事情解决掉。而很多时候，女人都可以使用一些小技巧，让自己省点儿力。

男人本来就是比较刚强的，如果和他硬碰硬，那么女人往往会输给男人；而展现自己温柔的一面，用柔弱的方法和男人沟通，反而能够起到很好的效果。

温柔的女人懂得抓住男人的弱点。很多男人都比较心软，看不得女人哭，看到女人哭就会心软会心疼，会反思自己是不是太过分了，从而愿意去关心女人，呵护女人。

同时温柔的女人很容易让男人疼惜，即使是女人做错了事情，和男人撒个娇往往比争吵更加有用；而在男人做错事情时温柔地原谅他，不仅会避免婚姻中的争吵，也会唤起男人的愧疚心理，这些都会使得男人在今后的生活中更爱女人。

男女双方对于婚姻有不同的需求，女人更渴望被爱，男人更渴望被尊重。而在婚姻中，通过温柔的方式解决问题，不用带有恶意的话去指责或攻击男人，能够让男人获得更多的尊重；被尊重的男人也会反过来尊重女人、爱护女人。

信念之于女性，意为独立

法国作家罗曼·罗兰曾经说过：人生最可怕的敌人就是没有坚强的信念。

每个人心中都有信念，这股信念是但丁《神曲》中的贝阿德丽采，带领着你我走入神圣的天堂；是海明威《老人与海》中的马林鱼，帮助老人与鲨鱼展开一场激烈的搏斗。如果我们心中丢掉了信念，就像航船丢掉了舵手，就会在大海中迷失方向，就有可能被惊涛骇浪所淹没。如果我们都心怀信念，就不可能在前进中迷失自我，生活就会一片光明，生命就会更加精彩。

信念之于女性，意为独立。部分女性在结婚之后产生了依附于男人的念头，或者被男人所说的“我养你”冲昏头脑。在结婚之后放弃自己的事业，放弃自己独立的人格。但无论是经济上还是思想上依赖男人，都会为婚姻埋下隐患。

她与他经过三年的恋爱走到了结婚，结婚的时候，她刚大学毕业，而他已经事业有成。在求婚的时候，他对她说出了那句动人的“我养你”，而她也被幸福冲昏了头脑，结了婚就做起了全职太太。

婚姻之后的前两年，两人生活得十分幸福，但表面美好生活却是败絮其中。结婚后他不喜欢她成天和朋友们聚会，几乎每次出门都要和他报备，如果他不同意而偷偷出门了，两人必定会有一番争吵。结婚前她喜欢摄影、旅游，结婚后他却以花钱多为由几乎禁止了她的这些爱好。结婚的时间越长，她越觉得，自己已经被禁锢得没有了自由。

两人又爆发了一次激烈的争吵，起因是她的妈妈过生日，她出于孝心给妈妈买了 5000 元的礼物，他对此大发雷霆，认为她又在乱花钱。她既委屈又生气，结婚之初他说的“我养你”的承诺仿佛成了笑话。

她找朋友诉苦，朋友指出她的婚姻问题就在于她的经济并不独立，要想解决问题，就要实现经济独立。她听了朋友的话，回家告诉他自己要工作了。

她大学时学的是服装设计专业，在这方面也十分有天赋，如果不是放弃了工作，此时她可能已经成了一名出色的服装设计师。她联系了几个大学时候的同学，共同成立了一个服装工作室，定期推出新品，同时也接一些服装定制的工作。

她一边工作一边学习，工作室也发展得越来越好，甚至有了自己的服装店。工作让她的生活变得十分充实，同时充实的还有她的口袋，现在的她可以随时给父母买礼物，实现了财务自由。但现在的她，选择了离开这个言而无信的男人，看向更广阔的天空。

不要寄希望于别人，这个世界上其实除了父母，没人保证能一定成为我们的依靠。如果你想要，就自己去争取。谁也给不了你安全感，靠别人得来的物质生活，不如自己挣来的潇洒快活。

总有人说，男人都不喜欢太独立的女性，但独立能够让女人更自由。独立可以让我们随意给父母买买买，可以让我们做自己喜欢的事情。独立最大的意义，是让你不必因为钱而接受不爱的，也不必因为钱而离开真爱的。

“我乐意这样”和“我只能这样”绝对是两个概念。相信我，等风来，不如追风去。你自己活得精彩，亲情、爱情、友情都愿意来给你锦上添花。愿每个人都能活出自己喜欢的样子，那才是人生最美的状态。

在现实生活中，很多人或许都已经忘了什么是信念，在我们不断向前奔跑时，往往会将心中的信念丢到一边，其实你我心中的信念就像一根脊梁，支撑着我们不倒的灵魂。

只有我们心怀信念，才能看清前方的路，你我的人生之路才能走得更远。在行走的路上，什么都可以丢，但唯独信念不能丢，有了信念，生活就不会苦，也不会难。

如何成为一位窈窕淑女

生活中我们总会见到这样的女子，举手投足间充满了女人味，回眸一笑让人难以忘怀。女人味是很多女人的追求，具有女人味的女人更具魅力。

什么是女人味?

女人味说的是女人的神韵，就像各种各样的菜本身没有味道，重要的是调味。穿着前卫不代表有女人味，会化妆的女人不一定有女人味，一朵花可能花瓣妖娆，颜色鲜艳，却不一定暗香浮动，让人难以忘怀。漂亮的外表会被时间的齿轮磨去光泽，而有女人味的女人不惧时间流逝，任何时候都光彩照人。

女人味从何而来?

没有一定的文化底蕴、修养和人生阅历，无法调出醉人的味道，女人味来自女人本身的气质、行为举止。同时女人味也来自女人的内心深处，这样的女人是晶莹剔透、柔情似水、善解人意的。

女人味来源于美德。具有女人味的女人无疑是善良的，她们悲天悯人，愿意为身受苦难的他人伸出援助之手，也会云淡风轻地原谅别人对她们无意间的冒犯。她们不会妄议他人的生活，对每个人都抱有尊敬之心。

女人味来源于女人的品位。没有品位的女人是苍白的；有品位的女人博学多识、宁静内敛，能够凭自己的内在气质令人倾心。

女人味来源于女人的一种迷人气息。这种气息并不是香水的味道，而是女人自内向外散发的一种气息。也许女人工作繁忙，但并不会愁容满面，她亲切随和，让人忍不住想亲近；和她聊天时，总会感受到人生的启迪，感受到生活的美好。

女人味是一种雅味，这样的女人有独立的人格、思想和经济基础。女人的雅味是这样的：举止优雅，谈吐文雅，无论什么场合都会好好地打扮自己，穿着也十分雅致。女人味是一股韵味，有女人味的女人最具柔情，她爱自己，也爱他人。她像春天的雨水，秋天的和风，带给人无尽的温柔。

诗经曾言：窈窕淑女，君子好逑。无论是爱情还是工作，没有人不喜欢和这样一位优雅的女士交往。

第7章

放下对婚姻不切实际的期望

当我们的婚姻走入第二个十年、第三个十年的时候，我们会拥有属于自己的人生智慧。我在这里想说的是，如果你认为你的婚姻期望值与生活幸福值不相匹配，那就需要我们思考究竟是天平的哪端过重。

维护对方的尊严

在婚姻中，夫妻双方要维护对方的尊严。比如，在家庭生活中，男人都十分在乎自己的尊严。男人为了尊严甚至会“以命相抵”，正所谓“士可杀，不可辱”。当年楚汉相争时，项羽兵败后逃到乌江，本来是可以乘坐船逃回江东的，但他并没有这样做，觉得“无颜见江东父老”，最终在乌江河畔自刎，用死成全了自己的尊严。可见，尊严是男人的软肋。

其实维护男人的尊严就是维护自己的尊严，夫妻二人在外是一种一荣俱荣一损俱损的状态。我们来看看下面这个案例中，她犯了什么错。

吴倩和安致远是一对结婚十余年的夫妻。吴倩在商业街经营着一家服装店，收入不菲；而安致远刚刚升任一所小学的教导主任。婚后十余年，曾经的朋友日子都过得蒸蒸日上，而安致远的工资却始终没有大的涨幅，家里的大部分支出都要靠吴倩的收入，这让吴倩很是不满。

一次，吴倩和安致远一起去参加亲友的结婚典礼，在宴席间大家都畅谈着自己的近况。当有人问到安致远时，他回答自己刚刚升任教导主任，亲友们立刻表示当老师好啊，孩子的教育就不用吴倩发愁了。

但吴倩却白了自己的老公一眼，开口道：“教导主任有什么用，一个月就那么几千元的工资，家里的花销还不是要靠我。”亲友们听到这里都十分尴尬，只得纷纷打圆场，安致远的脸色也一下子就不好看了。

回到家后，吴倩发现安致远生气了，自己无论说什么他都是一副爱搭不理的样子，两人为此冷战了三天。三天后，吴倩忍受不了他的冷淡，一定要和安致远聊一聊。

安致远说道：“我知道你为这个家付出很多，平时我也特别尊重你，我下班后都会去给你送晚饭，在店里陪你看店，关店后再一起回家。但是你有没有想过要尊重我？那天你那么说我，我的面子往哪儿放？”

平心而论，这段话说得相当中肯。如果换作我们任何一位女性，在亲友聚会上当众被羞辱工资低，也许都不会表现得比这位男性更好。吴倩想通了他的处境，向对方道了歉，安致远也原谅了她。

男人都十分在乎自己的形象，尊严受损对于男人而言无疑是致命伤。一些女人认为夫妻间耳鬓厮磨，没有比这更亲密的关系了，对两人的感情也十分自信；因此说话办事无所顾忌，甚至在男人的亲人朋友面前也毫不忌讳，这无疑会损伤男人的尊严，也会影响夫妻的感情。为了更好地经营婚姻，女人应注意维护男人的尊严，尤其是在外人面前。聪明的女人会通过维护男人的尊严来让婚姻氛围变得更加和谐。

别让婆媳关系变成“恶性肿瘤”

婆媳关系，这也是比较有趣的一个话题。经常有人在培训中咨询婆媳关系的相关问题，这个话题对于婚姻中的女人而言无疑是一门必修课。

在影响婚姻幸福的诸多因素里，“婆媳关系”具有巨大的杀伤力，一些人将其视为影响婚姻幸福的“恶性肿瘤”。但这其实没有必要，因为你就算再抵触这个问题，一个月也要面对几次这样的场景。所以我们首先需要调整好心态，不要每次去婆婆家或者婆婆来你家都一脸痛苦，这样对方即使对你没意见也会产生意见。

经过三年的恋爱，琳琳和小健终于走到了结婚这一步，两人很是幸福地生活了一年多，随后生活就起了风波，起因就在于琳琳怀孕了。

此前小两口单独住在一起，感情很是不错。后来琳琳怀孕后，她婆婆十分高兴，便搬过来照顾琳琳。开始时夫妻二人都十分高兴，可渐渐地家里的氛围开始变得紧张了。

琳琳在娘家是娇生惯养的独生女，结婚前她就告诉小健，自己可以做其他任何家务，但就是不喜欢做饭，当时小健信誓旦旦地说做饭全都包在他身上。婆婆来后，看到自己的儿子一到饭点就钻进厨房，就对他说："别这么娇惯她，她现在也不是做不了饭，偶尔让她做一顿也是可以的，我来了这么久，还没有吃到过儿媳妇做的饭。"小健说道："没事的妈，之前也是我做饭，她做饭没我做的好吃。"婆婆听到后脸色一变就要找琳琳理论，还是小健劝住了她。

这件事让琳琳的婆婆十分接受不了，对琳琳的态度也就不好了。一天中午，琳琳的婆婆没有做饭，而是将冰箱里头天晚上的剩饭热了热，端上了饭桌。琳琳看着桌子上的剩菜心中不快，但还是吃了一些。饭后琳琳对婆婆说："妈，以后剩菜就不要留着了，也没剩多少，味道也不好了，不如倒掉。"

听到这话，琳琳的婆婆气上心头："剩菜怎么吃不得了，别人都能吃，就你娇贵。"说完气冲冲地回了房间。

琳琳也觉得委屈，不想和婆婆说太多也进了屋。晚上回到家的小健一进门就感觉到了家里的低气压，往常热闹的客厅现在一个人也没有。他回到卧室，琳琳一脸委屈地说起今天的事情，说没办法和婆婆沟通。

小健心中也难过，想了想，他说道："妈那里我去沟通，你前些日子不是在给妈织毛衣吗，现在织好了没有？"

琳琳从衣柜里拿出一件毛衣："织好了，本来想着这两天给她的。"

小健拿着毛衣进了母亲的房间，说道："妈，琳琳前些日子说要给你织一件毛衣，今天正好织好了，你试试，不合身再让她改。"

小健的妈妈嘴里挑剔，还是穿上毛衣试了试，毛衣既合身又暖和，颜色花纹也好看。小健又说："妈，我知道你心里对琳琳有怨气，但是她除了不会做饭之外，真的是个好妻子。我的毛衣、围巾都是她织的。我自己一个人的时候，屋子里一点家的气息都没有，但是琳琳会养花、做各种小手工装饰屋子，也会仔细照顾我的起居，屋子越来越有家的气息了。”

小健的妈妈叹了口气：“我还不是怕你受委屈，好了，该做饭了，琳琳中午没吃好，晚上把饭做好点。”

小健拦住了妈妈：“您歇着，做好饭我再来叫您。”

在小健的努力下，一场婆媳危机被顺利化解了。这是一个相对乐观的例子，因为我们都明白不是每个男人都能像小健这样帮着我们说话。生活中更普遍的现实其实是：婆媳吵架多数时候男人都会更倾向于婆婆，因为那是他亲生母亲。

血浓于水的亲情远比爱情的分量要重得多，这是我们即便不用换位思考也能懂的道理。既然我们明白了这个道理，那就对这位丈夫的母亲宽容一些，态度好一些；如果这位婆婆是个明事理的人，哪怕为了她儿子也会息事宁人。

同时，儿子的态度和行为也会对婆媳关系产生深远影响，有许多不和谐的婆媳关系都是由于儿子的不作为造成的。很多时候，婆婆会对儿媳产生偏见，看不见儿媳的付出，而为自己的儿子抱不平。这时都需要儿子在两人之间做调解。儿子是婆媳关系中的“润滑剂”，能够使两者的关系更加和谐。

良好的沟通是婆媳关系最好的解决方式；如果你觉得婆婆实在是没办法沟通的一个人，那就尽量减少见面的次数，逃避可耻但也许有用。

理解：她只需要你倾听

泰戈尔曾言：爱是理解的别名。

很多男人会觉得女人难以沟通，甚至容易在和女人沟通时产生争吵，根本原因就在于，男人并不知道女人想要什么。

交流的作用是什么？架起一座沟通的桥梁，双方共同在这座桥梁上获得相应的信息。而交流话题就相当于建筑材料，发起聊天话题的你我就相当于建筑师，好的建筑师能把手中材料发挥到极致，取得意想不到的效果。所以沟通的关键在于如何聊，选取什么样的方式聊，清水煮白菜在精湛厨师的操刀下也能让人吃得津津有味，欲罢不能。

他和她结婚三年了，两个人工作稳定，日子也算美满。不过让他感觉最难过的一点就是他觉得她十分唠叨。每天早上起床，她会向他唠叨今天的行程，比如今天下班后要去一个远一点的超市买菜，比如今天公司团建要去什么地方，有什么活动等。他偶尔会附和一声。

晚上回家后，她也会和他说今天买菜比昨天便宜了多少钱、工作中发生了什么事、下班路上有哪些见闻等。很多时候，他都觉得很多话是没有必要说的，但她却兴致勃勃。

这天，吃完晚饭，他想在央视体育频道看一场球赛，她却缠着要和他聊天。他没有办法，只得坐在一边听她说话。

“今天有一个大学时的同学联系我，说是有事情找我帮忙，想约我周六见一面。其实我们大学时关系并不是很好，还曾经吵过架，到大学毕业时也没有和好，不知道她为什么会联系我。”

“你不想去？那可以说你周六有事情，推了就好了。”

“我想过啊，但是后来又一想，她也知道我们俩关系并不是很好，但还是联系我说要见一面，说不定真的是遇到了什么困难，如果我能够帮她的话也不会置之不理的，还是要去见一面。”

“你都决定好了还和我说什么？我给你意见也没用。”他有些生气，不知道她为什么要说这种没有意义的事情。

“我和你聊天不是想要你给我什么意见，我只想有人听我说说。”她也委屈了，“之前也是这样，和你聊天没一会儿你就跑了，我只想你和我聊会儿天，这对你来说很难吗？”

见她眼眶都红了，他连忙道歉，又哄了她好久，说以后她说什么他都愿意听，她才破涕为笑。

很多男人对沟通存在一种误解，他们认为女人聊起某个问题就是想要解决它，所以他们会在听到问题后第一时间想解决的办法，如果已经提出了解决的办法，女人还要聊这件事的时候，他们就会觉得女人唠叨。但事实上，当女人问出某个问题，很多时候她心中已经有了明确的解决方法，她们聊天的目的只是想找一个聆听的人。

学会聆听才能够做善解人意的丈夫，很多时候只是愿意听女人的倾诉，就能够让她感到被理解。但在实际生活中，很多男人并不注重聆听，甚至逃避聆听；当妻子需要倾诉时，他们会想尽办法逃离沟通，这也是很多夫妻产生矛盾的原因。

男人间的交流往往是为了交换信息，他们不明白为什么给出解决方案后，女人还喋喋不休。当女人表示要谈谈时，男人往往会回应："谈什么？"然后想据此准备交流信息，给出解决办法。但是女人只是想让男人聆听而已，因此她往往会说："我也不知道，我只是想聊聊天。"而男人往往会对这种没有目的的聊天感到迷茫。

交流是理解的关键，当与女人进行交流时，男人要明白女人看重的不是交流的结果，而是彼此互相分享生活的过程。男人需要聆听女人的分享，让她感受到自己对她的爱和理解。

反思：她为什么会生气?

“她为什么又生气了？”

这句话可以说是很多男人都经常在思考的问题，难道因为我今天左脚走进了家门？难道是因为我今天没抹发胶？难道是我白天没给她发“我爱你”？

上述是用诙谐的方式来比喻沟通障碍。情绪的本质是身体中的一种能量，是由自我而产生的一种心理。因为没有足够的对自己设身处地的保护，于是就产生了情绪。此外，自卑或是自负也是一种情绪。无论从哪方面来看，所有的情绪都是自我的。情绪不是一生下来就是注定的，换句话说是变化的，就像什么事都会过去一样。

决定情绪的并非外在事物，而是心理状况，又或者更确切一点说，是人对一件事的感觉。对于同样的外在情况，每个人的情绪反应都不同，哪怕同是高兴、悲伤，也有不同的程度；情绪没有绝对的正面和负面，而只有有无结果。情绪表达，有时候是控制自己和改变外界条件的方法。

但我们往往以为很了解自己的情绪，一开口，反而说不出个所以然。人极端愤怒的时候，智商为零，过一会儿才恢复正常。人能活得优雅，靠的是管住自己的情绪。

一个能控制住情绪的人，比一个独自攻陷敌人一座城的人还要强大。

很多男人都觉得婚姻中的女人特别容易生气，往往因为一点小事就大发雷霆，而在面对这种情况时，一些男人也会随之被点燃怒火，或者选择用沉默对抗女人的怒火，而这往往会使事情变得更糟，当女人生气时，男人应该反思一下，她为什么会如此生气？为什么事情和自己想象的结果有那么大的反差？

小玲和齐亮结婚已经快三年了，而在他们的三周年结婚纪念日到来时，两人的婚姻却亮起了红灯。

原因就在于有一天小玲在收拾房间时，发现了抽屉里面藏着的一块十分精美的手表，小玲感到十分困惑，因为她知道大大咧咧的齐亮从不喜欢戴手表，自己也从没有买过手表，而这款手表明显是男士的，一定是别人送给他的。小玲在手机上查了一下，发现这还是一款情侣手表，更加生气了。

等到齐亮下班回家，小玲劈头盖脸地就问他手表是怎么回事，齐亮愣了一下，只得交代这是当初前女友送自己的礼物。小玲一听更加生气了，原来他结婚了还留着前女友送的礼物，于是把手表扔进了垃圾桶。齐亮自知理亏，沉默地承受了小玲的怒火。

不久，两人的结婚纪念日快到了，往年小玲都会兴奋地和齐亮讨论结婚纪念日要怎么过，但今年由于此前两人闹了矛盾，小玲并没有和齐亮提起这件事。她默默地为齐亮准备了礼物，也期待齐亮能够给她一个惊喜。

到了结婚纪念日那天，小玲特意做了一桌子饭菜，还换上了一身漂亮的新衣服，想借此机会缓解两个人的关系。哪知齐亮却两手空空地回了家，小玲生气地跑回卧室换下衣服，饭也不吃了。齐亮向她解释今天加班了，等到下班后周围的商场都关门了，他没有找到买礼物的地方，明天一定补上，等等。

小玲的心中却满是苦涩，自己早早几天就准备好了要送他的礼物，可他却是临时准备，还以商场关门了为借口，本来心中对结婚纪念日还是比较期待的，可是他却毁了这个纪念日。

小玲心中对齐亮的行为十分气愤，好长时间都没有理他，而齐亮也感到茫然，不知道为什么会变成这样，明明之前的手表已经扔了，结婚纪念日的礼物也补上了，但两人的关系却没有缓和。

在婚姻中，当女人生气时，男人不要想当然地去赔礼道歉，而要思考她生气的原因。女人十分在意男人对自己的感情，也十分在意两人相处的细节。很多时候，在男人眼里不经意的一件小事，比如约会迟到了，节日没有送礼物等，都会成为她们生气的原因，男人认为这种小事不值得成为生气的理由，但女人往往会以小见大，认为男人已经不爱自己了。

从根本上而言，女人需要的是男人的爱护，她们也会时时验证男人的心意，约会迟到、节日没有送礼物本身是小事，但女人往往会在此基础上进行联想，最后得出“我们之间的感情变了”“他已经不爱我了”等结论。而这个结论才是女人生气、伤心的理由。

男人要了解这一根本原因，并在日常生活中通过各种语言和行为表达自己的爱意，让女人了解到自己是爱她的，也十分珍惜这段感情。把这一信息充分传达给女人后，即使是约会迟到或节日没有送礼物，女人也会将事情归结于客观原因，而不会怀疑男人对自己的爱，自然也不会因为这种小事生气。

相爱莫相弃，且行且珍惜

常人往往爱拿“你负责貌美如花，我负责赚钱养家”作为认证好男人的态度指标。

在一个还不算陌生的城市商品店里，无意间听到了电影《泰坦尼克号》的主题曲——《My Heart Will Go On》(《我心永恒》)，这首歌当年红遍全球，其演唱者是席琳 · 迪翁，可能很多人对她并不陌生，对她背后的故事也津津乐道。

席琳出生于加拿大，作为全球著名流行女歌手，其专辑销量已超过 2 亿张。不仅拿奖拿到手软，她更被世界媒体赞誉为 20 世纪 90 年代迄今为止的跨世纪天后歌手之一，法国前总统萨科齐也曾亲自为她颁发 Legion of Honour 骑士勋章。

而我们都肯定很少了解过，在这个成功女人的背后，其实一直有个为她默默付出的男人，那就是雷尼 · 安杰利。更让我们想不到的是，在雷尼与席琳之间，还有一段大叔与萝莉的旷世恋情值得我们对爱情有一次更深刻的思考。

让我们把时间拉到席琳 12 岁那年，那是定格她人生转折的一个夏天。

有时候你不得不相信缘分，人生就是这么神奇，两人只有一面之交，往往也能造就一生唯一的伴侣。无论对方是谁、年龄多大、背景如何，你都将相信世界无穷的力量，相信有一段倾城之恋会展开。

她和雷尼，这个后来成为她一生所爱的人，是这样相遇的。

在席琳 12 岁的那个夏天，席琳的妈妈偶然在一张热卖的专辑封面发现了经纪人雷尼的地址，于是她抱着试试看的心态，把自己为小女儿在家录制的一张业余唱片寄了过去。

没想到她竟很快接到了面试通知，心情激动的母亲赶快把这个好消息告知了全家人。她的妈妈怀着忐忑不安的心情，带着害羞而腼腆的席琳去面试，到了面试的地方后，席琳一个人进入了雷尼的办公室面试，母亲在外面等候。

少年的席琳一眼看到了这个穿着西装、打着领结、温文尔雅的大叔，她羡慕地仰视着夹在一堆奖杯和明星唱片中的敦厚大叔，不但没有了紧张，反而产生一种亲切又尊敬的感觉。

当时的雷尼不太相信磁带里的歌是席琳自己唱的，他让席琳现场清唱一段。在雷尼的要求下，席琳当即拿起一支笔当作麦克风，随即清唱了那曲磁带里的《这是一个梦想》。清亮高亢的声音极具震撼力，还没唱完，雷尼就流下了眼泪，抹着眼泪对可亲的她说："你把我唱哭了。"

席琳虽然知道他是在夸奖自己，但还是被这个面带慈祥的和蔼大叔吓到了。后来她在采访中曾回忆道："尽管我现在知道他是一个很容易动感情的人，可能为任何事情流泪，但当时我被他吓到了。”

当时情绪激动的雷尼凭借对音乐人的直觉，心中默默地认定眼前这个姑娘一定能红，于是当即签下席琳。他决心亲自担当席琳的导师和经纪人，帮助她实现歌唱梦想。

1988 年，20 岁的席琳在赢得了一场唱歌比赛后，当众吻了雷尼，表明了自己爱的决心。只是这份爱，一开始并没有任何人祝福，甚至遭到了席琳母亲的强烈反对。当时雷尼已经有过两次婚姻，年龄还比席琳大 26 岁，甚至还有三个孩子，这样的结婚对象，恐怕哪个父母都无法接受。

为了让席琳对自己死心，雷尼开始有意疏远席琳，以席琳出唱片为由，飞到了拉斯维加斯，在不得不见面的时候，他走路时不再让她牵手，吃饭也离她很远，甚至在一起说话的时候也少了，他希望通过这一切的行为，让彼此的感情淡化下来。不过他这一切的行为，反而越发激起了两人内心深处对彼此的眷恋与不舍，只有真爱，才会如此折磨人心，又难以抗拒。

女为悦己者容，为了成为雷尼更欣赏的女人，席琳摆脱稚嫩，矫正牙齿，并舞蹈塑身。而雷尼也在与朋友的深谈中顿悟："如果是真爱，怎会是伤害？"1994 年，26 岁的席琳与 52 岁的雷尼在蒙特利尔圣母大教堂举行了隆重的婚礼。他们等这一天等了十年。

时光荏苒，她从豆蔻年华走向风华正茂，他从意气风发走向白发苍苍，他们终于能并肩而立，纵使祝福者寥寥，他们依旧牵了彼此的手。

婚后，他们不仅心系彼此，相知相守相伴，反而比没结婚之前更加相爱。为了能和她心爱的雷尼多一点相处时间，席琳故意减少排练演出时间。而雷尼为了不阻碍席琳事业，坚决不要孩子，以此来让席琳保持好的身材。

然而 1999 年，将近 60 岁的雷尼倒了下去，他被医生诊断为咽喉癌。那年，席琳才 31 岁。此后不久席琳便在蒙特利尔的摩尔森冰球场的演唱会上，为她心爱的雷尼演唱了当年他们相识的歌曲《这是一个梦想》，18 年前邂逅的画面，再次让他湿润了双眼，之前的种种经历浮现在脑海里。

2014 年 8 月，72 岁的雷尼癌症复发，已经不能正常饮食，只能靠流食维持虚弱的生命。接受采访时的席琳几度哽咽得说不出话来，却依然坚定地表示："我清楚，日子一天天过去，未来很确定，我们和死神搏斗的日子会更加艰难，但我们不曾放弃，我们会一直坚持下去。"

曾经，他是她的导师、经纪人，保护她的爱人，是她对未来的希望。现在，他被癌症病痛折磨，她需要陪伴在他身边，给予他无限的力量，她知道他需要自己，她所能做的就是陪在他身边不离不弃，还有就是为他唱他最喜欢的歌。

2016 年 1 月 15 日雷尼病逝，享年 73 岁，席琳悲痛欲绝。

在临走的那一刻雷尼曾对席琳说："我想死在你怀里。"而她回答："好，我会在你身边，让你在我怀里安息。"

"有些东西一旦成为你生命中的一部分，它将永远存在你的生命之中，为你生命中的一部分增添精彩的瞬间，一直到生命的终结。”

好好珍惜你的爱人，不要等到失去了才知道后悔痛苦，更不要在意世俗的眼光，一生那么短，相爱就勇敢去爱，且爱且珍惜。

相爱的人何必互相折磨

为什么相爱的人总要互相折磨，大概是因为太爱对方了吧。因为太爱，所以会想方设法地试探对方；因为太爱，她冲你微微一笑，你就会开心一整天；因为太爱，会孩子气地选择和对方互相折磨。

《红楼梦》中宝玉和黛玉的爱情是互相折磨的，明明那么相爱，却总是给对方带来痛苦。宝黛爱情的发展体现在第二十三回《西厢记妙词通戏语 牡丹亭艳曲警芳心》之中。

先看：“（贾宝玉）谁想静中生烦恼，忽一日不自在起来，这也不好，那也不好，出来进去只是闷闷的。园中那些人多半是女孩儿，正在混沌世界，天真烂漫之时，坐卧不避，嬉笑无心，哪里知宝玉此时的心事。那宝玉心内不自在。”

于是有了共读西厢，证实黛玉与其思想观念最近。于是大胆将自己与黛玉比作书中人物来试探。结果，大家都看到了。这时二人的关系进入恋爱阶段。从共读西厢到宝玉挨打，这阶段宝黛基本没干别的，情感交流方式就是吵，而且升级，再不是小吵而是大到惊动贾母。

同时这段也是《红楼梦》最牵动人心的感情笔墨，这时宝黛爱情可说是惊天动地。

宝玉挨打之后黛玉探宝玉，宝玉送帕。为情而生、为情而死的黛玉纵然才华横溢，却也只能对着这份犹如水中月的感情黯然垂泪，耗损着生命的精魂直至散灭，而以“木石前盟”为今世主线的宝玉，在黛玉死后也必然注定会道悟出家，回归前世。

看到他们爱得你死我活，爱得以性命相许，更让人们痛恨贾母和王夫人活活地拆散两人。

但同时又爱之深而恨之切。林黛玉的多疑，自小病病歪歪的身体，动不动就发脾气，让一般人也难以应付，黛玉很有才气，她的诗寄托着她全部的感情，因从小就寄人篱下，也让她更加的多愁善感，虽然是大户闺秀，但是她自己始终感觉没有人真正懂她，把全部的情都寄托在宝玉身上。当突然得知宝玉已经娶了宝钗，对她的打击确实很重，以至于把自己所写的诗全部毁于一旦。

爱情是感性的，婚姻是理性的。爱情是一种感觉，可能在瞬间就会出现，也可能几年都难以找寻。而婚姻更多的是一种责任，生儿育女，抚养后代，一起共享天伦之乐，然后老去。

两人能够长期在一起厮守，真正能够做到相互包容，相互体谅也非常不容易。随着社会的不断发展，婚姻不再相互凑合，因夫妻二人不和，从而引起的婚姻解体已不在少数。

但这种折磨根本毫无意义，因为在结果既定的情况下，折磨只是徒增烦恼。如果你们真的一天都过不下去了，那为什么还要互相折磨对方继续留在这场不爱的婚姻中？如果你们还想要继续生活下去，应当用更乐观的心态去看待、解决你们之间的矛盾，互相折磨同样毫无意义。

可能你读这段话的时候会觉得，作者说得太简单了，现实哪有这么多干脆的事。但现实总结后就是这么轻飘飘的一段话，因为这个问题本身便不是什么世纪难题，只是你心里还对他有期望。

你不想和他分开，因为你在期待万一他哪天改了呢？这件事情万一哪天就有转机了呢？

你想和他分开，但你还是在犹豫：我们都结婚这么多年了，现在分开是不是没必要了？万一他哪天突然回心转意了呢？

爱的根源在你自己，不爱的根源同样源于你自己。接下来我们用这个非典型豪门恩怨的例子，来看看两个人如果还相爱，应当怎么做。

这年冬天，她和他走进了婚姻的殿堂，两人的婚姻得来不易。

他是众人眼中的天之骄子，学习好、样貌好、家世好，而她却十分普通。但是在大学的相处中，两人相爱了。

毕业后，他在父母的要求下出国留学，许多人都说他不会回来了，但学业完成后他还是回了国，因为他的爱人在这里。他和家里人坦白了自己的恋情，并表示自己将要结婚。他的父母勃然大怒，将他关在家里，并找到了她进行谈判，但两人要在一起的态度十分坚决。

气愤之下，他父母将他赶出了家，表示在他认错前不会再给他任何经济援助，也不想再见到他。他终于获得自由，马上和她结了婚。

两人甜甜蜜蜜地过了一阵，随着时间的流逝，婚后的矛盾也产生了。由于他父母不赞成这段婚事，除了没有出席他们的婚礼外，也不允许两个人回老家。他父亲过50大寿时，家里宾客如云，他们却被拦在了门外，这成了两人第一次吵架的导火索。他知道这是自己的选择，但不能在父母面前尽孝也让他十分自责，因此对她的态度也冷淡了下来。

她一开始体谅他，但时间一长，她也觉得十分难过，忍不住和他争吵。每过一年，他心里的自责就多一分，她心里的压力也越来越大。两人为生活中琐碎小事的争吵也越来越频繁。

两个人还相爱吗？这是肯定的，因为两人珍惜一路走来的不易，即使争吵也没有想过离婚。但两个人幸福吗？不一定，因为两个人已经陷入了相互折磨的陷阱中。

谁的错？我认为这对夫妻的错误七三开，男人没有为自己的选择负起责任，鱼和熊掌都想要；女人无限制地迁就对方，让自己黯然神伤。他放不下亲情，还在期待哪天他的父母突然回心转意，接受这位出身一般的媳妇；她放不下爱情，总在期待他能处理好这些事，然后幸福地生活。

如何做出亲情与爱情的抉择？爱情绝非生活中的全部，我见过太多人因为爱情放弃其他的一切，亲情、友情其实都是我们生活中不可或缺的情感要素。

时间对我们女性来说，是最为高昂的沉没成本。我们需要时刻警醒：在这段婚姻中你们还相爱吗？如果爱就去思考一个积极的、行之有效的解决方案；如果不爱请趁早结束，无爱的厮守无论是对自己还是对对方都是一种折磨。

没有完全适合的两个人，只有互相迁就的两颗心

“白马王子”可遇不可求，我们生活中的大部分时间其实是在迁就。举个反面案例来说，顾琳认为她的结婚对象应当有以下要求：一米八五以上，狮子座，月薪超过两万元，长相足够帅气，衣品足够优秀，本地有房有车，婚前惊喜不断，婚后每天都是纪念日。

首先我们假设这样的男性确实存在，然后我们再思考顾琳的条件是否能匹配到这样的男性：一米六，月薪六千元，长相普通，衣品凑合，没房有车，没特殊爱好。

首先我们并不是在贬低顾琳，因为她的条件并不是不好，只是她的条件与她的理想型不相匹配，她的高期望值不会给她带来任何好处。有句话说得非常有道理，期望越大失望越大，好高骛远给人带来的心理落差是一种很难受的情绪。

这个世界上，整个爱情范围内，我们很难说有完全契合的两个人。因为有血缘关系的双胞胎都很难想法一致，更何况毫不相干的两个人。所以无论是男人还是女人，我们应当学会在合理范围内互相迁就对方，让生活总是向更好的方向发展。

一辆列车上坐着一对夫妻，妻子喜欢说话，一路说个不停，从专卖店打折到超市促销，从网红说到社会新闻。丈夫耐心听她讲，听得很开心。

周围的一个乘客说道："你们真好，一个能言善辩，一个愿意洗耳恭听，真是般配。"

妻子笑着说："其实我跟他刚在一起那会儿，他并不是这样的，总是聊不到一起就吵架，然后我就生气，他就会一直哄我开心，久而久之，我也不无理取闹了。后来，我就想通了，其实这个世界上没有相互合适的两个人，只有相互迁就的两颗心，你爱他，你就会迁就他，他爱你，他就会宠爱你。"

这时丈夫也开口了："说实话，一开始我真不能忍受她，一整天说个不停，我耳朵都出茧子了，后来她不在我身边的时候总觉得少了些什么。时间长了，也就觉得习惯了，而且跟她在一起久了，我性格开始变得开朗了许多，话也开始多了，对她也就适应了。"

最简单的幸福，不就是有人听你说话吗？最适合的婚姻莫过于此。

世界上最好的婚姻，并不是白富美找高富帅，也不是才子配佳人。而是你明明在等白马王子，却被一个普通人收了心。你本来一心想要娶一个琴棋书画样样精通的古典美女，却栽进个五音不全的邻家女孩的感情里无法自拔。

别给未来的爱人设定标准，也不要结婚了再说两个人不合适，没有合适的两个人，只有互相迁就的两颗心。婚姻要幸福，就需要彼此迁就，不要太以自我为中心，不要总把问题想到对方身上。

世界上没有完全合适的两个人，只有不停地调整步伐，共同努力，才会有晚年的相濡以沫，一起变老的美好景象。婚姻除了有很好的爱情基础，就是要双方都有责任感。如果每次都以不合适为由，选择逃避，那爱情永远没有结果。

第 8 章

进行一场“婚姻保卫战”

婚姻是漫长的，在经营婚姻的过程中，两个人会受到各种诱惑，遭遇各种磨难，可能一方想中途退出，另一方却想要继续维系婚姻。大多数人的婚姻都十分曲折，要想顺利走完这一程，就要进行一场成功的“婚姻保卫战”。

相信看到这里，已经结婚的女人会感同身受，这个问题在我的婚姻生活中是可以遇到的；未婚的女人开始恐惧自己要不要结婚，婚后真的能幸福吗？但你需要继续读完这本书，然后思考与总结这本书说了些什么，有哪些内容可以应用到婚姻生活中，又有哪些雷区需要避开。

双方都需要用妥协去爱

如若这就是成长，用接受去学会妥协。

我们对婚姻是有期待的，并且很多时候会因为要顾及孩子的感受，希望给孩子一个温馨的家庭生活，所以常常会做出很多妥协；我们作为一个温柔的母亲与妻子，在婚姻当中不可避免地会受一些委屈。

婚姻的状态变化其实可以用孩子作为标准，分为两个阶段：孩子还处于学习期时，孩子成年后。之所以用孩子作为标准来衡量婚姻的状态，是因为孩子是我们心头最重要的部分，我们会为了孩子而做出最多的妥协。

在孩子还小的时候，我们很多时候不太敢直面自身的情绪，也不敢与对方大声地吵架，因为孩子还在观察学习我们的所作所为，我们要更好地照顾、教育孩子。就像那句名言，无论如何孩子是无辜的，我们不能把矛盾转移到孩子身上。

可是一旦孩子不再是决定这场婚姻能不能继续下去的筹码时，女人开始变得非常强势；因为我不用再在乎孩子的感受，因为孩子已经长大成人，有了自己的是非判断，受父母的影响变小。

我们女人变得更勇敢，变得敢于生气，变得愿意说真话。并且在这个阶段中，一旦爸爸跟妈妈吵架，几乎所有成年的孩子都会向着妈妈，这是为什么？

因为我们知道妈妈在这个家庭里头付出了多少，我们明白妈妈为我们做了多少的事情；所以一旦爸爸跟妈妈吵架，孩子往往都会向着妈妈。

出于这样的情况，爸爸在评估风险过后就会明白：不要惹这个女人。因为如果我们两个吵架，妈妈拿起包就到成年的孩子家去住，爸爸就得一个人在家里煮泡面、洗衣服。

总结来说，婚姻的前半段是女人在向男人妥协，而后半段则更多的是男人向女人妥协。但妥协并不是没有底线的，无论任何事，妥协都需要一条红线。社会行为没有底线就会面临法律的制裁；婚姻行为没有底线便会面临离婚的结局。

我们绝不要一直做婚姻中咽下委屈的那个人，那样无论对生理还是心理都是巨大的伤害。我们并不是情绪的傀儡，而是情绪的控制者。

这句话如何理解，如果将婚姻比作一艘船在大海上航行，女人的情绪就是这艘船的舵手。如果我们能够有一种支持这段婚姻的情绪，那么这个婚姻就能在海上航行得更远。

那么我们如何才能练就这种能力？这时还需要回到之前反复强调的一个点上，就是透过我们对于婚姻本质的理解，给予婚姻一个正确的期望值。

我能理解男人跟女人之间的不同，也能理解女人在婚姻当中所拥有的筹码是什么。所以只有明白了婚姻必定要经过的阶段，我才能够在事情发生的时候，不害怕、不惊慌；我才能够相信自己能够解决这些问题。唯有如此，我们才能真正地拥有一段美好、真实的婚姻，即便它不完美。

最好的婚姻，就是那个珍惜在一起每一分钟的爱人，不让对方受一点委屈，两个人因为喜欢走在一起，顺其自然地结婚，随意舒心地生活。

之前在微博上有一个关于“你见过的最美好的爱情细节是什么”的话题，里面有一个经典的评论：“今天在学校饮品小铺排队买柠檬茶，里面一对小情侣忙来忙去，女性在不停地切柠檬，找零钱，给杯子封口。后来她突然转过身小声对男性说了一句‘我今天真的很累了’，男性没有迟疑就冲后面喊了一句‘不好意思各位，今天不卖了’说完店铺就关门了。”

美满的婚姻人人都羡慕，但一些人难以将婚姻过得幸福，原因就在于他们在婚姻中固执地坚持自己的想法，从不妥协。

婚姻中的不妥协分为很多种，一方喜欢吃辣而另一方喜欢吃清淡的；一方喜欢早睡而另一方喜欢熬夜；一方有强迫症而另一方并不在意细节，这些本身都是一些小事，如果这些小事都能成为婚姻中的争吵重点，那这段婚姻很难继续下去。

婚姻当中的妥协却相对简单，两个人结婚都是为了能够相守一辈子。婚姻中会碰到各种各样的麻烦，也可能会消磨两个人对于婚姻的热情，婚姻最终会走向平淡。而两个人的妥协就是在热情过后对婚姻的妥协：愿意接受婚姻的平淡，也愿意和对方共同进步。

或许很多人在结婚之前对婚姻生活没有太多的想法，对未来也比较迷茫，但是在步入婚姻后，两个人应该共同撑起这个家，应该为婚姻付出，这是婚姻中最大的妥协。能够为对方身上的缺点妥协，也愿意为对方做出改变，这是婚姻中该妥协的地方。

高情商的女性，会用鼓励代替批评

婚姻生活中并非只有甜蜜，还可能会产生误解、争执等。婚姻中的女人需要明白一件事，批评是对男人最大的打击。其实不仅是对男人，对所有人来说，批评所带来的结果都只有不快。

李璇和秦磊这对热恋的情侣终于走进了婚姻，亲朋好友纷纷祝福，两人也对未来生活充满期待。但没想到的是蜜月期都还没过，两个人就吵得不可开交。

婚后没多久，李璇就出差了，几天后回家发现家里被秦磊弄得一团乱，客厅的茶几、沙发上全是乱放的杂志，厨房里昨天的碗还没有洗，冰箱里的一些菜都坏了也没有扔，洗衣机里塞满了脏衣服。李璇十分生气，指责秦磊道：“我几天不在家，你就把家里弄得一团糟，像猪窝一样。”秦磊顿时不高兴了：“你是说我像猪吗？”

两人因为这件事大吵一架，李璇指责秦磊不做家务，秦磊指责李璇对自己的批评太过了，最终两人共同收拾好了屋子，但也冷战了好几天。

不久，李璇又发现秦磊有一个毛病，那就是用完的东西随手乱放：洗手液放在了厨房里；毛巾放在了餐桌上；电视的遥控器在床头柜里；沙发上的书摆得到处都是，书架上反而没有几本书。李璇一直跟在秦磊后面给他打扫“战场”，不胜其烦。

李璇的工作很忙，回家看到还有这么多家务事等着做，往往会憋着一肚子火。刚开始时她发牢骚，秦磊还会赔罪，然后把自己乱放的东西收拾好。可时间久了，李璇再怎么批评他，他也“充耳不闻”了，还是随手乱放东西。

李璇十分苦恼，双方因为这样鸡毛蒜皮的小事吵了很多次，彼此都疲惫不堪。后来有一天在和公司的一个女同事聊起这件事时，同事给她讲了一个妙招，即放弃批评，用更温柔的方式和他沟通，李璇决定试一试。

晚上秦磊下班回家，给李璇带了一束她最喜欢的玫瑰花，李璇接过鲜花，趁机说：“老公你真体贴，要是你能把衣服挂好，就更好了。”秦磊听了连忙把扔在沙发上的外套挂在了门口的衣架上。李璇又说：“我回家就开始做饭，都没有时间收拾客厅，今天能不能麻烦你收拾一下。”秦磊惊讶于李璇的变化，但还是连连说道：“好，好。”说着便开始收拾客厅，虽然秦磊收拾得没有章法，但总归是比之前整洁了，李璇看到后连连夸奖秦磊勤快会摆东西。

之后一段时间里，每当秦磊又乱放了东西，李璇都会鼓励他自己收拾，并对他收拾的结果表示赞美，而秦磊也变得细致、勤快起来。两人平淡的日子又充满了欢声笑语。

其实当男人做错了事，一味地批评并不能让他改正错误，反而会激化两人之间的矛盾。女人要学会将批评变成鼓励。批评会让男人降低积极性，失去信心；而鼓励则能让男人在下一次将事情做得更好。

鼓励是为了帮助对方正视错误、改正错误，而不是要让别人一定按自己的方法做事，显示自己高人一等。所以鼓励的态度必须诚恳，让对方感受到自己的善意，而且诚恳的态度不会使气氛紧张压抑，有益于对方理性思考问题。比如指出对方错误时，先表示自己也有过什么错误和过失，这样对方就会消除紧张和不安的心理。

当男人不小心把菜炒糊时，不要立刻想到批评他，而是要鼓励他：“这次的失败只是个意外，下次你一定能做成功。”这样男人沮丧的情绪就会大大好转，并且会在下次炒菜时更加认真。一句鼓励的话能让男人心情愉悦，使他的自信提升，激发他的潜能。

有的人苦恼于不被他人理解，自己出于善意的行为被对方排斥、怨憎，这多半是由于沟通方式出了问题。有的人说，我心平气和地指出对方的问题，但对方总是误解自己。其实，只有真诚和善意，还不足以让别人理解自己，接受自己。

鼓励是一种普通又重要的沟通能力。有的人心存善意，但是说出的话让对方觉得就是批评和偏见，也许可以忍耐，但是无法接受。这种沟通无益于对方向好的方向改变，而且有害于两人之间的关系。与批评相比，人们更容易接受别人的建议，有些人明白这一点，但是最终给对方的感觉是“令人不爽的批评”。要想提出一个成功的建议，除了有提建议的态度，还要有适当的方法和技巧。

我们首先要理解对方。即使对方错得一塌糊涂，但是我们应该明白，他不是故意要弄成这样，只是他认为较好的做法，从结果看来是糟糕的。如果忽视了这一点，那么我们的建议会让对方认为是批评、指责，甚至鄙视。只有真正理解了对方，在提建议的时候才能让对方感受到我们的善意，才能用心思考建议本身。

与批评相比，鼓励一定是正面的、积极的，经过自己思考给出的方式方法。鼓励得当，不仅可以让对方正视错误，改正错误，还能拉近双方的心灵距离。

澄清：向对方说清楚自己

“沟通从心开始”，这是中国移动的经典广告词。当年中国移动的迅猛发展，与这句简单而有力的广告词是分不开的。它强调了人与人沟通的重点——心。

从咿呀学语开始，我们每个人就持续处在高频率的沟通之中，但每天在世界上无数的沟通过程中，正面而有效的沟通未必比负面或无效的沟通更多，主要是因为人们的“心”经常不放在沟通上，或者说没有把沟通对象放在心上。

许多人有这样的经历——某段时期自己与人沟通偏重于多说少听，还有某段时期偏重于少说多听，但是有时发现即使在少说多听的过程中，自己仍然搞错了对方的本意，仍然没有完成有效的沟通。其中有些人会反思这个问题，然后明白最主要的原因是自己没把对方放在心上。

对大多数的沟通来说，我们需要了解对方的态度和想法，才能让彼此的沟通更有效。而了解对方态度和想法的最重要之处不在于听了多少，交流了多少，而在于用心听了多少，用心交流了多少。在大部分的沟通中，我们需要换位思考，我们需要用心感受。

婚姻中产生误会是难免的，婚姻中的一方往往会因为一种假象，对另一半产生错误的认知，进而产生争吵。

小雅和丈夫安华的生活就充满了争吵。

一天，小雅下班回家，看到安华就说："烦死了，下班时候的公交车真是太挤了，我今天被人踩了几脚，好好的新鞋被弄脏了。"

听到这种抱怨，安华也气冲冲地说："又不是你一个人挤，我每天也是挤公交车上下班，也没有抱怨呀。"

听了安华的回答，小雅更生气了，大声吼道："你还好意思说，那还不是因为你没出息，你要是有出息，也能像别人一样开车去上班。"看着喋喋不休的小雅，安华摔门而去。就这样，一句抱怨的话演化成了夫妻间的战争。

又过了一段时间，安华的工作特别忙，总是加班。时间一久，小雅的猜忌也越来越深，每天安华下班回家后，都要仔细盘查他今天的动向。而安华本来已经上了一天的班挺累的，再加上小雅如此不信任自己，误会自己，他就气不打一处来，更不想和小雅沟通，导致两人之间的矛盾越来越深。

两人本来幸福的婚姻生活，被各种误会所伤，两人的感情也不复之前。

本来是一句夫妻间的生活抱怨，却因为丈夫误解了妻子的初衷而导致夫妻间的战争，假如在小雅抱怨公交车挤的时候，安华能给她一句安慰或一个拥抱，就可以避免不愉快的事情发生。同时，在面对小雅对于自己加班的误解时，安华也丝毫没有解释，任凭小雅的疑心越来越重，最终也给两人的婚姻带来了更大的伤害。

误会对于婚姻的损伤是十分大的，为了避免这种损伤，在产生误会时，两个人应积极地和对方沟通，被误会的一方应向对方澄清自己，消除误会。同时，在倾听对方的澄清时，婚姻中的另一方也要给对方多一点信任，少一些无端的猜疑，婚姻生活才会更加和谐。

谎言：别让谎言毁了你的幸福

“谎言到最后总是苦涩的，不管开始的时候是多么的悦耳。”

如果说了一个谎言，就需要更多的谎言掩盖前面的谎言，如果谎言越来越多，最终会毁掉婚姻。这个道理我们从小就听，小时候家长便反复强调不许说谎，因为谎言即使说一千次，最终也只是谎言。

如果你经常说谎的话，就会明白这样一种感受：我已经信了这句谎言了。你对你的大脑反复、多次输入某种印象，就会产生类似于催眠的状态；你骗你的大脑信了，并且已经能够熟练地编出谎话。

但这毫无意义，因为人唯一骗不了的是自己的心，现实也不会因为你的谎言而改变。接下来的这个例子，便是一个经典的谎言解离于现实的故事。

她和他离婚的时候，谁也没有想到，一对这么多年的恩爱夫妻会分道扬镳。

他和她结婚十多年了，有一个在上小学的儿子。她是医院的护士，工作之余喜欢做各种各样的饭菜和糕点，把家里收拾得干干净净。他在金融行业工作，收入不菲。

几年后，两人攒下了一些钱，他对她说想要买一些基金做理财，为儿子多攒一些钱，她同意了。

第一年，他仔细研究分析，买了一些稳健的基金产品，一年过后，收入稳定也较为可观。但是第二年的时候，身边有朋友劝他去买股票，虽然风险大，但是收入更高，他心动了。在朋友的帮助下，他买了一些股票，赚了一些钱。

第三年，在高收益的吸引下，他把基金产品全部卖掉，买入了更多的股票，但是这一次，他失利了，沉沉浮浮许久，到年末发现不仅没有挣到钱，反而赔了不少钱。他慌了，又不想收手，在她问起投资收益的时候，他只说赚了钱，收益很好之类的话，还买了不少礼物送给她。

从这时起，谎言就开始了，每次她问起来，他总说赚了多少，但事实上他却越赔越多，他也想过和她坦白，但却不敢面对她伤心失望的神色，只想着有一天能够翻盘。

但事实却远没有想象的美好，一天，她焦急地给他打电话，说儿子在上学路上不小心被撞了，刚刚送到医院，向他要钱去交住院费。他却迟迟说不出话，在她的一再逼问下，他只得全盘托出。

她乍一听到多年的积蓄化为了泡影，心中愤恨交加，也没有时间和他吵架，向朋友借钱交了儿子的住院治疗费用。

万幸的是儿子的伤没有大碍，在医院住了半个多月就可以出院了。这半个多月里，她没有理他，哪怕他向自己认错她也没有原谅。她最恨的就是他骗了她这么久，要是不隐瞒她，她也许能够劝他尽快收手，但现在说什么都没有意义了，两人最终离了婚。

在婚姻里，两个人共享甜蜜，共担风雨，哪里需要用谎言欺骗对方呢。可有的人却喜欢用谎言欺骗对方，还觉得自己很聪明。事实上，一个谎言要用无数谎言来圆，这会使撒谎的人越来越有负担，最终崩溃。同时，谎言终有被识破的一天，而这也极有可能使婚姻走向终结。要想婚姻长久，就必须对另一半保持坦诚。

陷阱：在婚姻中推卸责任

人所能感受到的一切痛苦，本质上都来源于对自己无能的愤怒。

推卸责任的人绝不会让自己承担任何过错，也绝不会放过任何一个能推卸的对象。例如他有一项工作没做好，出现了比较大的问题，面临着失业的危险。他会推卸责任到同事身上；如果没人和他一起合作，那么他还可以推卸到上司、配偶、天气、交通甚至于家里养的猫猫狗狗上。

如果在婚姻中，他的妻子让他感到不适，他会怪妻子为什么这么做，或是怪妻子当初为什么要嫁给他，甚至或者怪他父母把他生出来。

当然，如果这样的人运气好，有幸娶到了一位十全十美、贤良淑德的妻子，他可能会自吹自夸，把功劳都往自己身上揽。

只想着推卸责任的人其实是相当可悲的。

因为推卸责任的人是脆弱的，他们恐惧于承担工作乃至于婚姻中的责任，也许是他过往的人生经历中，承担过不好的结果，导致“一朝被蛇咬，十年怕井绳”；又也许是他天性懦弱，并且自身还很无能，不愿承担起或承担不起本属于自己的责任。

步入婚姻后，男人和女人都要负起自己的责任，共同经营婚姻，婚姻才能够美满。如果一个人推卸责任，把婚姻过多的责任强加到另一个人的身上，势必会导致两人的不平衡，婚姻也难以幸福；而如果两个人全都推卸责任，那么婚姻势必会走向破裂。

她和他经历了大学甜蜜的恋爱，毕业后，在亲人的祝福声中结了婚。两人恋爱时，他对她十分好，结婚时，也对她许下了“我养你”的承诺，婚礼上，他对她唱甜蜜的情歌，她笑得像花儿一样。

他的父母买好了房子和车子，他的工作也十分稳定，两个人没有什么生活负担，结婚后，在他的强烈要求下，她在家做起了全职太太。他在外面工作，她在家里收拾屋子、洗衣服、做好晚饭等他回家。

但没过多久，两人的生活就起了摩擦。这天，她向他要这个月的生活费，他十分诧异，明明半个月前才给过她。她解释这个月要花钱的地方太多了，亲友结婚要随礼，过节准备东西也要花钱，自己这个月还买了两件衣服等。

他不高兴了：“这个月花得多，难道别的时候就没有省下钱吗？既然知道这个月花得多，为什么还要现在买衣服？这样下去咱们什么时候才能够攒下钱？”

她听后沉默了半晌，拿出一个日记本给他看，里面清清楚楚地记录了结婚以来每个月的花销，除了买菜、交煤气水电费、看望老人、亲友随礼、给他买衣服等的花销外，每个月花在她自己身上的钱只有几百元。

看了日记本他也沉默了，没想到维持一个家庭需要花这么多钱，他向她道歉，她却说自己准备去上班了，他劝她无果，只得同意了。

她找了一份设计助理的工作，知道自己没有工作经验，所以她工作十分努力，往往下班回家后还要在家加班。有时没有时间做饭，她就等他回家一起点外卖。

转眼她工作两年了，这两年里，她的工作越做越顺，还升为公司的设计师。但她不知道的是，两个人的婚姻已经笼罩上了阴霾。

这天，他出差回家，许久没有下厨的她做好了饭菜，他却迟迟未归，晚上十点多，他回家了，她问怎么回来这么晚，他只说路上堵车，但是在他去洗手间的时候，沙发上外套里的手机却响了，她拿出手机一看，是一条微信消息：“到家了吗？”头像是一个漂亮的女生。

她的心凉了半截，等他从洗手间出来，她把手机递给他，问道：“这个人是谁？你是真的回来晚了还是刚刚和她见面了？”

他接过手机，不解释这件事，反而说：“你看看现在，一点也没有刚结婚时候的温柔了，那时你会把家布置得十分温馨，每天都会做好饭菜，现在你越来越忙了，没时间收拾家务，没时间做饭，家也越来越不像一个家了。”

她气笑：“当初我在家做全职太太的时候，一颗心都花在这个家上，你也没有一句夸奖，反而怪我花得多，现在我工作了，又说我没有之前贤惠了，难道我工作之后没有收拾家务吗？自从我工作后，就没有问你要过钱，你却从始至终没有做过家务，没有做过饭，难道这必须是我的责任吗？你想想你自己有没有做到丈夫的责任？”

他却不理会这些，只说别人家家务都是女人做的，自己在外面挣钱已经很辛苦了，现在她变得越来越不像原来的她了，他移情别恋也是情有可原。

两人吵吵闹闹，一对曾经的神仙眷侣最终以离婚收场。

婚姻中难免有矛盾，当矛盾产生时，双方都要肩负起自己的责任，思考自己是不是哪里没有做好，而不是相互责怪、推诿。最重要的是，婚姻中的双方都要时刻进行反思，反思自己是否肩负起了一个丈夫或妻子的责任，如果一方责任缺失，那么婚姻就很有可能产生问题，甚至走向终结。

少说多听，及时发现并解除危机

有些人“擅长”把聊天变成争论。这类人认为自己比对方更有道理，不愿听对方说，而希望对方可以安心地听自己把道理讲完。

其实，在平时的人际交往中，少说多听才更有意义。

我们身边都会有一些这样的人，他们非常喜欢多说话，展示自己的过人之处，一定要让他人感觉“我很牛”才行。他们多半是社会阅历浅的人，他们还不懂得“讷于言而敏于行”的道理，认为别人对自己的印象是与自己的表现程度成正比的。

古希腊有一句谚语——聪明的人，借助经验说话；而更聪明的人，根据经验不说话。真正有智慧的人，常常把精力用于倾听，因为他们知道，多数情况下，听对方说远比让对方听自己说更好。

假如两个人发生了摩擦，双方都争着表达自己的想法，而无心听对方把话说完，那事情一定会越来越糟，最后造成无法收拾的局面。如果一方耐心听对方把话说完，认真思考对方的看法，然后做一个中肯的评价，并解释自己为何与他观点不同，那么双方的摩擦就会逐渐减小，或许还能使彼此的关系更进一步。

婚姻生活几十年，会遇到各种风风雨雨，有一些婚姻危机并不是突然产生的，而是在婚姻生活中慢慢发展的。要想经营好婚姻，就要警惕外部的各种威胁，及时发现并解除危机。

梁敏和蒋超结婚三年多了，两人感情一直很好，蒋超的公司有时会组织一些团建活动，可以带家属，几次活动后，梁敏也认识了不少蒋超的同事。

一天，蒋超回家晚了些，问起来，蒋超说一个项目赶工，在公司加了一会儿班。没一会儿，梁敏刷朋友圈时，发现一个备注为琪琪的女孩发了一个朋友圈，照片中的她坐在一辆车里，从车里的装饰来看很像是蒋超的车，并配文“谢谢超哥送我回家”。而这个琪琪，正是蒋超的一个同事。

梁敏冷了脸，把手机拿给蒋超看：“怪不得回家晚了，原来是送别人去了。”

蒋超不以为意：“哦，今天和她一起加班来着，下班的时候聊起来发现顺路，就顺便送了她。你不会生气了吧？”

梁敏冷哼一声：“顺路？以后都顺路，你是不是每天都要顺便送她回家。”

蒋超愣了一下，反应过来了：“知道了，以后谁也不送。”

梁敏继续：“而且你看，你送她一次，她就特意发个朋友圈感谢你，难道单独给你发微信不行吗？她这样明显是给我看的，想挑拨咱俩的感情，也就你傻，什么也看不出来。”

蒋超心里更慌了，连连道歉：“对对，我傻，当时没想这么多，以后我肯定会离她远点的。”

梁敏几句话就解决了婚姻中潜在的一个危机。

又过了几天，蒋超有一次晚归了，回来的时候还一身酒气，梁敏问起来，他说是朋友小孙请他喝酒，他不好意思不去。梁敏劝他少喝点酒，别的并没有说什么。

几天后，蒋超给梁敏打电话，说小孙又要请自己喝酒，要晚回来一会儿。梁敏心中起了疑，就算是朋友间喝酒，也是互相请的，这其中肯定有什么问题。梁敏打电话给熟识的朋友，询问小孙的近况。朋友告诉梁敏，小孙开的饭店遇到困难了，租金越来越贵，竞争也越来越大，已经快倒闭了，小孙请蒋超喝酒可能是为了借钱。

挂了电话，梁敏心中有了底。等蒋超回来，她问蒋超小孙有没有和他说什么。

蒋超说：“没有聊什么重要的事，就是回忆了一下以前我们俩上大学的日子，还挺让人感慨的。”

梁敏又问：“那他没有说他的饭店？”

蒋超回：“是提了一句，说现在不好经营什么的，但是现在很多店都不好经营，我也就劝了劝他。”

梁敏又说他傻，又把今天打电话的事情告诉了他，说小孙找他很可能是为了借钱。“我知道你那儿有一些钱，你怎么用我平时也不会问你，但借钱这件事一定要慎重，如果他的店倒闭了，这钱不知道什么时候才能还回来。”

蒋超心中一惊，明白了过来，几天后小孙再请他喝酒时，他找了个借口没去，再之后，小孙就没有联系过蒋超。

婚姻中的危机来自感情、金钱、婆媳关系、工作等方方面面，任何方面的危机变大后都可能会使婚姻破裂。因此，婚姻中的两个人必须提高警惕，一旦发现某些事情可能会影响两人感情和婚姻的稳定，就要及时解决问题，将危机扼杀在摇篮里。

学会将爱意诉之于口

“每颗心都渴望被触摸”，触摸与被触摸大多是靠语言来完成的，同一种意思，语言的形式有很多种，讲出来的话只能是其中一种，它给不同听者的感觉又有很多种。从这个角度来说，“会说话”是一件特别难的事，但每个人都与很多的人说过很多的话，这种丰富的经历足以让人“说话越来越好听”。

每个人都具备恰到好处地触摸另一颗心的能力，在生活中多感受、多交流，就会更容易读懂另一颗心，触摸另一颗心。

“每个人都是独一无二的”，几乎所有人都听过这句话，并且赞同。那么想一下，独一无二体现在什么地方？每个人独一无二的方面都难以计数，每个人的经历和回忆都是无法复制的，没有无缺点的人，也没有无优点的人。每个人都有过人之处，对聊天这件事来说，以对方的过人之处作为切入点通常会取得不错的效果。

爱是婚姻的润滑剂，要想维护好婚姻，就要学会向另一半表达自己的爱意。

晓萱和李亮结婚三年了，两个人的日子过得平静无波，可突然有一天，李亮回家后发现家里没有了晓萱的踪影，而客厅的茶几上放着一张纸条：

“记得咱们恋爱的时候你对我真的很好，每天都会给我带早饭，节日也会送我小礼物，甚至还给我写过情书，那时我相信你是爱我的。可结婚这么长时间以来，我对你却越来越失望，我感觉不到你对我的爱了，我知道你工作忙，不去打扰你工作，可是你回家后也很少和我聊天，我做的饭菜你从没有夸过我一句。”

“昨天是什么日子想必你已经忘了，是咱俩的结婚纪念日，我特意换了一条漂亮的新裙子，你却一句赞赏的话都没有，我还给你准备了礼物，但你却两手空空地回家，我没有提醒你，到睡觉前你也没有想到昨天是结婚纪念日。我受够了，需要冷静一下，也需要想一想这段婚姻有没有继续的必要。”

李亮看着晓萱的留言，心中万分难过，没想到自己的疏忽竟对她造成了这么大的伤害，他自然是爱她的，可能是习惯了这份安稳的生活，他已经忘了向妻子表达爱意。

李亮急忙给晓萱打电话，却被拒接了，他又给自己的岳母打电话，岳母接了电话对他好一通数落，他听着，连连道歉，又说明天一定去接晓萱回家。

第二天一早，李亮就来到了岳母家，门一开，晓萱就被眼前的玫瑰花惊到了，要知道，结婚这么长时间以来，李亮还是第一次送自己玫瑰花。李亮又向晓萱道歉，说自己平时的确是忽略了她的感受，但自己绝对是爱她的，晓萱也不想让李亮难堪，乖乖上了车。

李亮走的并不是回家的路，晓萱疑惑，李亮却表示要带她去吃饭。李亮将车停在一个商场外，他已经在里面的一家餐厅订好了位置。待两人落座，李亮又向晓萱道歉：“对不起。老婆，毁了你十分期待的结婚纪念日，今天补给你，咱们好好玩一天。”

晓萱有些羞涩：“你不早说，我换一身漂亮点的衣服。”

李亮回她：“不用啊，老婆穿什么都好看，衣服一会儿再买就行了。”

晓萱嘴上说着他油嘴滑舌，心里却十分高兴。

两人吃了饭，逛了商场，回家的时候，李亮还贴心地为晓萱系好了安全带。

之后的日子里，李亮把更多的时间用在了两人的家庭中，他会在下班早的时候接晓萱回家，会帮着晓萱做家务，也会时不时地带一些小礼物给她，晓萱心情不好的时候，他也会安慰她：“没关系，还有老公在。”

在李亮的用心经营下，两人的感情越来越好，婚姻也越来越幸福。

学会表达爱意在婚姻中是十分重要的，很多时候，婚姻出现问题不是一方不爱另一方了，而是一方以为另一方不爱自己了，但事实上，对方只是没有把心中的爱表达出来。因此，婚姻中的两个人都要学会向对方表达爱。

如何向对方表达爱？

爱要大声说出来。如果爱对方，就不要吝啬自己的语言，向对方说出“我爱你”“我欣赏你”等字眼，表示出自己对对方的爱意。陪伴也能体现爱，如果爱对方，就要抽出时间来陪伴对方，和对方沟通，一起吃饭、散步、旅游等。

同时，送礼物也是很好的方式，礼物不在于贵重与否，而在于自己的心意，如果时不时送对方一些他喜欢的礼物，对方自然能够感受到爱意和用心。此外，身体接触同样能够表达爱，适当地拥抱、在散步时牵手等都能够表达爱意。

第 9 章

哪些婚姻雷区不能踩

所谓“一日夫妻百日恩，百日夫妻似海深”，婚姻中的两个人要懂得感恩，要学会包容并明确自己的责任，美好的婚姻需要两个人的磨合。同时婚姻中也有雷区，比如一味地抱怨、吝啬对家庭的付出、爱攀比等都可能会导致婚姻的破裂。要想经营好婚姻，就要了解并规避婚姻中不能踩的雷区。

每个人都能在这本书中看到自己生活的影子，所以不要再让自己成为前车之鉴。

事业 VS 家庭，谁更重要？

刚结婚的时候，不会觉得我的婚姻会影响到自身在职场上的表现，也不会影响我的工作；但一旦有了孩子，我想大家都会认同一点，那就是孩子或多或少地一定会影响你的工作。

如果领导对一个有孩子的妈妈说：小王你明天出个差吧。我们几乎立刻开始打电话给姥姥、奶奶或者保姆安排孩子。明天谁送去上学，孩子的家庭作业谁来管，谁管孩子吃喝，谁照顾孩子睡觉，妈妈这个角色就必须立刻做这些安排。

但如果今天是爸爸在单位里，领导跟他说：你明天要出差。爸爸回到家后顶多跟老婆说：老婆，我明天要出差，你帮我整理一下行李。

爸爸这个角色很少需要管孩子谁接谁送谁喂饭，随时可以出差，这是一个不争的事实，这是发生在所有家庭的一个共性。

女人在家庭中所肩负的责任就是比男人要多得多，所以很多年轻的女孩特别痛苦地来向我咨询，现代女性如何平衡事业与家庭。

完美的平衡是不存在的，那么我们怎么样才能够找到属于自己的平衡，并且这个平衡仍然能够让我快乐，仍然能够让我和我的先生、孩子好好相处。那么以下我将告诉大家几个原则，用来找到感情的平衡。

第一点，我们要拥有割舍的力量。割舍并不是说所有的放弃都必须是女人来承担，男人就不用割舍，这是不正常、不公平的。当我还没有结婚之前，我为自己而活，最大利益的获得者是我自己，我们每天思考的是怎么做才能够让自身利益最大化。

但如果我们结婚了，一旦我们做出了承诺，那么我们的最大利益就变成了家庭的最大利益。所以我们在做每一个决定的时候，都必须要以家庭利益的最大化为考量，而不是以自己的利益为考量。

所以将来在你面对一个两难问题的时候，比方说在工作中，领导认为你的工作能力很出色，想要提拔你。你成为一个公司的中层管理人员，意味着这份工作需要你付出更多的时间与精力来面对。也许需要你更多地出差，也许需要更多地加班，那么这个时候你应该怎么办呢?

你需要考虑你和你先生有两份工资，谁的工资收入对这个家庭来讲是最重要的，通俗来说就是谁赚得更多；谁的工作对这个家庭来讲是更有发展性，也就是说谁更有前途。得出来一个结论后，那么我们就可以让其中一个人更多地付出在工作上，另外一个人用更多的时间来照顾家庭，这个就叫作家庭利益的最大化。

所以并不是说但凡遇到工作上的问题，女人必须退回家庭，男人就必须留在职场，而是必须以家庭利益为主。谁的薪水能够让我们的孩子接受到更好的教育，谁的薪水能够让我们的家庭处于一个稳定、安全的状态。那么谁就要在工作上付出更多的心血，给予更多的时间以及精力。

第二点，一旦我们做了选择，那么我们就需要承担因为这个选择带来的责任。很多时候不管是男人还是女人，我们都习惯性地会让对方承担选择的责任，这是一种非常消极的态度。

我们需要直面内心，很多女人都喜欢犯这个错误，就是我做了选择，然后让对方来承担这个选择所带来的责任。举例来说，我老公的工作很重要，我的工作也很重要，但是因为现在有小孩了，双方的家长也没有人能够帮着带，自己该怎么带这个小孩呢？

那么这时的我不能再每天加班到十点，不能再全身心投入工作中，也就有可能因此失去升迁的机会。我明白了这点，于是干脆辞了这份工作，在家里专心照顾孩子。

但是虽然我做了这个选择，我感到非常不甘心、不快乐。所以每天看到先生下班回来，我都心怀怨恨地跟他说：都是因为你，都是因为这个家，让我被迫留在家里。哪怕你不说，你的这个情绪也会让你变得越来越不开心，越来越沮丧、忧郁、烦闷。

如果一个决定是我在深思熟虑之后做出的，没有任何一个人拿刀架着我的脖子让我做出这个决定，那么我就需要为这个决定负起责任，无论婚姻还是人生都是如此。

当你坦然地接受了你做出的决定，承担起这个决定所带来的结果，事情就会轻松很多。随着年龄增长，我们都会逐渐明白谁也无法影响你，我们谁也影响不了谁，唯一能影响你的只有你自己。

第三点，怎么样才能够在家庭生活中跟先生保持快乐的状态，就是我们需要对生活进行一个排序。我们都知道，职业女性肩负了很多责任，我们是别人的女儿，我们是别人的妻子，我们又是别人的母亲，我们又是老板的员工。

如此多的角色定位，让我们感到一种深深的割裂感。每个角色都在等着你去完善，每一个地方都要拉扯，让自己觉得非常压抑窒息。所以我们需要对生活进行排序，看一看哪件事情在当下是最重要的，是别人不能够取代的。

例如，别人不能够取代你躺在床上跟老公聊天，别人不能够取代你搂着孩子说睡前故事，别人不能够取代你向父母尽孝，这些事情必须是你自己做的。别人可以取代你的是哪些工作？帮你做饭，帮你做家务，帮你接孩子，所以如果你今天工作比较忙或者到家很疲惫了，不要有任何负罪感地请个小时工，不要再分散你的精力去做这些家务事了。

把你自己的精力、时间花在别人不能代劳的事情上；这样你就不会觉得非常累，割裂感也不会很重。如果每天都累得受不了，那么必然什么事情都做不好。

实际上我们都知道每个人的时间与精力有限，一天只有二十四小时，中间需要吃饭、睡觉、工作，留给家庭的时间是有限的，精力也是有限的。所以一旦做了排序，你就要相信你自己的决定，并为这个决定负全部责任。

猜忌，婚姻生活的一颗毒瘤

猜忌是婚姻生活的一颗毒瘤，猜忌的时间越长，这颗毒瘤就会越大，以致最后摧毁婚姻生活。我们知道，婚姻具有强烈的排他性。我爱你，所以才反对你和其他异性接触，这个道理对双方都适用。因为如果我不在乎你是不是和女同事吃饭、聚会，那么这时候该确认的反而是我还爱你吗?

著名导演李安曾说过:“最幸福的事情就是回家被老婆骂，因为我老婆是真的酷。”即使李安的事业十分成功，他也从来不忘记妻子的付出，仍然像以前一样做家务做饭菜，不得不说会做饭会做家务的男人最帅。

李安曾写过一本自传《十年一觉电影梦》，里面有个片段写道，他拿到奥斯卡奖后，有一次他和太太去纽约的华人区买菜，碰到一位台湾来的太太，那位太太说:“你真好命，你先生现在还有空陪你来买菜。”而李安的妻子回应她说:“你搞错啦，是我今天特别抽空陪他来买菜的。”

懂得感恩并为之分担奋斗的男人，才值得女人为之付出。

有人研究过关于爱老婆和事业成功之间的关系。他们通过对身边人以及众多成功人士的分析，得出了这样一个结论：爱老婆的男人更容易在事业上成功。爱老婆的男人通常情商较高，情商高这一条件也是事业成功的一项基本要素。

如果说爱老婆，那么拍摄电影《战狼2》的导演吴京也算是其中的一位，他导演的这部电影票房突破56亿元。很多人看到的是吴京的电影票房，却很少看到他背后的老婆谢楠的无私付出。

吴京在做演员这条道路上遭受了很多磨难，却一直不温不火。后来和谢楠结婚，吴京曾满脸幸福地感慨：他真是娶了一个好媳妇。

在筹划这部电影时吴京告诉谢楠，他可能要倾家荡产，需要抵押房产。但谢楠却坚定地告诉他，你的梦想如果没能实现，那么住别墅还有什么意义，倾家荡产也无所谓，“我养你，你一定要坚持自己的梦想，失败了也无所谓，我这里还有一套小房子，我们还可以从头开始”。谢楠这样对他说。

短短几句话，既有远见，也有温情，为这个迷茫的男人拨开了迷雾。

吴京实现梦想的路上，之所以全无后顾之忧，是因为妻子谢楠。吴京曾经说：找女人就要找谢楠这样的，识大体，顾大局，有智慧。

同时正是因为吴京的真汉子性格，给了谢楠安全感，也正是因为来自吴京的这份安全感，让谢楠免除了猜忌。

大家都知道，吴京忙于事业，以前可是演艺圈有名的拼命三郎，甚至结婚当天还是拄着拐杖举办的婚礼。但自从有了家庭，以前只顾拍戏的他，现在只要一有时间就赶回家陪老婆陪孩子。这样的男人，不一定足够浪漫，但他懂得心怀感恩。他用行动给这个家宣示着自己的保护力，让谢楠内心多了一份踏实。

谢楠曾对记者说：吴京是个纯爷们，说话干净利落，做事果断而且有担当，让她非常有安全感。她欣赏这样铁骨铮铮的男人，相信他的决定。

这样的婚姻，让人信任，两个人在生活中不猜疑，更别说让毒瘤近身了。

说了两个正面案例，我们接下来再说一个文学史上比较经典的反面案例来说明猜忌的负面作用。

猜忌就像一株野草，疯长只是时间问题。

《奥赛罗》是莎士比亚创作的四大悲剧之一，自问世以来引起无数人讨论，被翻译成各种语言在世界范围内传播，让一代又一代的读者或观众为之倾心。读过这部巨著的人往往都为男女主人公的悲剧而感慨，奥赛罗与苔丝狄蒙娜明明是相爱的，为什么最后却落得了这样一个结局？

奥赛罗是威尼斯城邦的一位将军，虽然职位很高但因其种族是摩尔人，而被大家排斥。卑微的奥赛罗爱上了贵族元老院元老勃罗班修美丽、聪慧的女儿苔丝狄蒙娜，而苔丝狄蒙娜也倾心于这位英勇的将军，二人都心知他们的婚事不可能得到父母的祝福，便瞒着父母秘密相爱随后结婚。

奥赛罗将军有一个手下，名叫伊阿古。伊阿古十分嫉妒奥赛罗提拔了卡西奥做副将而不是自己，同时觊觎苔丝狄蒙娜的美貌，嫉妒奥赛罗与她的爱情。奥赛罗内心自卑，没有安全感，觉得自己配不上高贵美丽的妻子，同时伊阿古欲言又止的挑拨，言语的刺激，让他失去判断的理智。

于是伊阿古用尽手段，挑拨二人的关系，制造苔丝狄蒙娜与奥赛罗的副将卡西奥私通的假象，让已经被伊阿古谗陷之言所引起的妒恨迷惑了心智的奥赛罗看到，奥赛罗与苔丝狄蒙娜的感情因他的谣言而产生嫌隙。

但遗憾的是，奥赛罗没有选择相信自己曾经心爱的妻子，中了小人的奸计。奥赛罗对苔丝狄蒙娜不贞的“证据”信以为真，心中燃烧着猜忌的妒火，用自己的联想填补上伊阿古“证据”链条中的断带，嫉妒得发疯，最终酿成悲剧。

在新婚的床上，奥赛罗亲手掐死了忠贞而单纯的妻子苔丝狄蒙娜。后来伊阿古的妻子揭穿了这一谎言与骗局，奥赛罗如梦初醒，选择拔剑自刎。

猜忌是这场悲剧最深刻的原因，奥赛罗与苔丝狄蒙娜因爱情而相拥，却因不再相信爱情而赴死。在一场爱情中，两心无间是一种最为珍贵的品质，婚姻的双方应当是互相信任的，所以当我们遇到选择与挑拨时，只需要回想当时的心情与感动，继续选择互相相信。

很多人说《奥赛罗》所表达的感情对标其他三部悲剧而言，显得过于浅显，悲伤得不够有深度。但《奥赛罗》本身给人带来最深的感觉并不是悲伤，而是遗憾，是一种得而复失。当奥赛罗与苔丝狄蒙娜排除万难最终得以结婚时，反而是婚姻内部产生了裂痕，让人不免为这对夫妻感到悲哀。

不知道奥赛罗亲手掐死苔丝狄蒙娜时是否还能回想起他们相爱的点点滴滴？是否还能想起在昴星团见证下许的誓言？如果他能再少几分猜忌，多几分信任，这个故事就可能不是个悲剧了。

我们无从得知答案，聊到猜忌，《奥赛罗》是很多人第一个想起的故事，也是将猜忌的危害诠释得最深刻的故事。这幕悲剧之于现实的意义，在于让看过的人不再重蹈覆辙，懂得何为婚姻中的两心无间。

花心就像天平上的砝码

张爱玲在《红玫瑰与白玫瑰》中说："也许每一个男子全都有过这样的两个女人，至少两个。娶了红玫瑰，久而久之，红的变了墙上的一抹蚊子血，白的还是'床前明月光'；娶了白玫瑰，白的便是衣服上沾的一粒饭黏子，红的却是心口上一颗朱砂痣。"

从人性的角度来看，男人、女人其实都是花心的，所以我们来剖析一下男人跟女人在婚姻当中，如果有了额外的心动时，应该怎么办。为什么我们会有这种怦然心动的感觉，但对象并不是我们婚姻关系里的这个人呢？

举例来说，如果今天我去参加一个同学会，我的一位小学同学如今已经发展得非常好，而且仍然维持着非常好的身材以及气质，谈吐优雅得体，我们在小学同学聚会中遇见了。

这位优秀的小学同学在同学会中表现出对于我的青睐，他也觉得我虽然已经结婚十多年了，但仍然有让他忽然心动的点，曾经在小的时候爱慕我、喜欢我的那个情绪仍然存在。那个时候我会觉得虚荣心得到了很大满足，会特别享受这种被一位优秀的男性喜欢的感觉，这完全是一种常见的情绪。

虽然我没有打算跟这位优秀的小学同学干什么，完全没有打算要欺骗我的先生、抛弃我的家庭或者是不要我的孩子。但是我允许我自己拥有这种被别人倾慕的虚荣心，我允许我自己在这种虚荣里头觉得我自己仍然是美好的，仍然觉得我自己像白雪公主一样，这个是男人、女人都会有的情愫。

只不过我们有一个很重要的节点，就是我能不能够控制自己的想法与行动。其实每个人都会有在婚姻之外去享受恋情的这种冲动，但如果有这样的机会放在你的面前，很重要的一点就是我们能不能够控制我们的思想。

唯一能够让我们控制遐想的一个不变原则，就是自身如何去看待我们的婚姻，婚姻这个砝码在天平的两端是否足够有分量。

如果我觉得我的婚姻的分量是足够的，那么我控制思想的力度就会更大；但如果我现在本来就对于我的婚姻很失望，我就觉得很不开心，那么当这个砝码不够重的时候，倾向于另外一端的可能性就会增大。

这个道理无论对男人还是女人都是一样，但现在的婚姻关系变得越来越脆弱，我们必须承认婚姻这两个字的分量变得越来越轻。我们认为哪怕是对方有了二心，我也没必要去提防，大不了到时候打官司离婚就好了。

在我们曾祖母那个年代，结了婚以后，离婚绝对不会出现在他们的选项当中；到了祖母那个年代，也许离婚已经在他们的选项当中，但可能远远地排在二十名以后，因为如果选择了离婚，可能要面对整个社会的歧视；到了母亲那个年代，离婚这个选项已经挪移到前十名以内了。

对于现在年轻的孩子来讲。结了婚以后，离婚这个选项可能已经进入前三名。所以对于现在有些人来说，面对婚姻关系当中所有的试探，觉得没有必要那么努力地反抗它。因为大不了就离婚，这有什么的，离了还能再找。

并不是我观念比较落后，但你既然选择了与这个人结婚，选择了在民政局工作人员的见证下宣誓，选择了穿着婚纱走过红毯说出那句“我愿意”，选择了接受双方父母的祝福。那你就必须为自己以往做出的诸多选择负责，这是我们作为社会人应当做的，是对自己以及对方负责，也是对人生负责。

在遇到试探的时候，我不能确定在这场婚姻中，代表我这端的砝码足够重，重到对方能够抵抗住外来的诱惑，坚定不移地选择我。这种不确定，正是由于我们做得还不够好。

让自己成为一个更好的人，一个男人结婚以后都会产生这样一个想法：拥有得越多，就越怕失去。就是因为这一点，当男人在面对一些诱惑的时候，怎么样让他依旧选择和我们在一起的方法，在于让我们自己成为最好的那个。

我们要让自己成为一个广义上的美好的人。

在外在方面不会蓬头垢面，穿着得体、保养得当、妆容精致、身材苗条，我们在生活中面对这样的女性都会高看一眼，更何况是一个本来就爱你的男人呢?

在内在方面，我们要成为一个善良而温柔的女人，成为一个他不忍心放弃的存在。这样男人在做风险评估的时候就会明白：如果我今天做错了事，我就要失去我美好的妻子；为了外面那个也许还不如我妻子的女人放弃婚姻，非常不值得。只有男人明白了这个道理，他才会懂得应当守住底线。

无论男女，其实都是花心的。人性本来就是在面对挑战的时候会犹疑，私底下有一些遐想并不可怕。但我如何控制这个想法以及我如何在面对试探的时候让自己成为那个有价值的人，是每个女人都应该去研究的课题。

小心！别误入婚外恋雷区

在结婚之后我们应当非常清晰地设定一条底线，这条底线如此决绝，乃至于一旦跨过便再无转圜的可能。这条底线便是婚外恋，这个最终的原则，这个底线是夫妻双方不能跨越的。

一旦这个底线设定好，你要让他非常清楚地知道，如果你胆敢跨越这个底线那么你将付出一切的代价。你把这条底线设定好之后，你只要负责做一件事情，就是让自己成为一个美好的人，做别人不能够失去也经不起失去的那个人，所以下一次当他再遇到试探或者是你自己在遇到试探的时候，你就会在将要跨越底线的时候收回自己要跨过去的那条腿。

只有清醒，才能让我们在纷乱繁杂的社会中安身立命，面对诱惑的时候仍然保留住当初对这个家庭的承诺，对对方的承诺。

夏天的一个夜晚，寂静的长椅上坐着两个人，两道影子拉得很长，但影子却没有相交，两人静静相对，一股冷流在两人之间流淌。

女人嘴唇动了一下，又把话吞了回去。她把头深深地低了下来，不自然地抚摸着手上的戒指，那枚曾经带给她无边遐想，给她带来幸福快乐的，且此刻给予她唯一希望的戒指。

两人静坐半晌，男人深深地吸了一口气，终于开口了："今晚星空真美，像往常一样。"女人看着他的侧脸并没有说话。男人自顾自地继续说道："你知道吗？在那无数个不能相见的夜晚，我总是看着星空，心里想着远方的人，心中满满的思念。"停顿了一会儿，又说："只是没想到，同样的人同一个星空下的这一天，竟物是人非，变成另一番景象。"

"对不起。"女人轻轻地说了一句，把头低得更低了，眼睛开始湿润，慢慢啜泣起来。

男人好似没听到般，继续说着："还记得之前，我下班接你回家，一起去逛菜市场，我还说你太瘦，要把你养胖了，你还爱挽着我的手臂，依偎在我臂膀上，我给你讲一天发生的有趣的事情，你笑得合不拢嘴。我们一起买菜，一起做饭，但你在做饭这方面明显是不擅长的，你能把鸡蛋炒成黑色，把土豆丝切成手指粗，把西红柿炒鸡蛋做成西红柿汤，但我依旧觉得你什么都是好的，后来我不让你动手，让你去客厅看电视，你偏不要，调皮地说要看着我才好。那是我第一次做饭，手忙脚乱却十分幸福。吃饭的时候，看着你一边吃饭一边夸奖我的模样，我心里别提有多幸福，只想着要永远和你在一起。"这时，男人嘴角挂上了一丝笑意。

他继续打开记忆的闸门："还记得我们过第一个结婚纪念日的时候，那天我没有加班，下班后就带着给你的礼物回了家。当我打开家门的时候吓了一跳，屋子被装扮得格外温馨，客厅里摆了气球、鲜花和蛋糕，还有一桌子做好的饭菜，我知道，这些都是你的功劳。当你从门后跳出来抱住我的时候，我也紧紧抱住了你。那时我感觉自己抱住了全世界，现在想想，要是永远都像当时一样幸福该有多好。”

女人哭得更厉害了：“是，无论现在还是那时，我都真真切切地感觉到，我爱你，我真的爱你，我深信你也有着和我同样的感受，对不对？”

“对，我以前以为我们的幸福能够长长久久。但你知道吗？后来，你对我的态度开始冷淡起来，时常因为一件小事而和我争吵，越来越不喜欢和我说话。我只以为是哪件事做错让你生气了，只得加倍对你好。后来有一天，你说你要加班，我偷偷去你的公司接你下班，想给你一个惊喜，但却始终没有等到你的身影。我去公司询问，你的同事却说你已经下班了。后来我才知道，你那天根本没有加班，下班后就坐上一辆豪车走了。并且那段时间你们很少加班，你却隔三差五告诉我你要加班，我从没有怀疑过。要不是你的同事说那辆豪车经常去接你，我根本都不知道你的心已经不在我这里了。”男人显得痛苦无比，手因为握得紧而青筋暴起。

女人一下子紧紧地抱着他，哭喊道：“求求你，别再说了，都是我的错，是我伤害了你，是我毁了我们的婚姻。”

男人没有说话，只是拿纸巾，轻轻地帮女人把眼泪拭去。

良久，女人停止了抽泣：“原谅我好吗？我会努力改的，我不会再骗你，不会再见他，原谅我一次。”

男人盯着女人的双眼，他心里明白今晚是至关重要的一晚，他要对自己负责，也要对她负责。面前这个曾经花容月貌的女人变得憔悴不已，他心疼了，但她的种种行为让他心碎，痛苦依旧历历在目，他不敢赌。

于是男人再次开口说："我知道你曾经很爱我，而我也不想离开你，只是婚姻必须是忠贞的，而你打破了这个规则。我即使原谅你，破碎的婚姻也无法变成当初的样子，现在两个人分开才是最正确的。"

男人深深看了一眼女人："希望你以后过得幸福，我走了。"

冰冷的夜色下只留下女人独自哭泣。早知今日，何必当初。爱情是纯粹的，有了污点之后是很难洗干净的，婚姻也是一样，破镜很难重圆。所以在经营婚姻的过程中，两个人要珍惜彼此，不要越雷池半步。否则，两个人之前的美好就永远回不去了。

家丑外扬，婚姻里的大忌

家丑外扬是婚姻里的大忌，很多婚姻中的事情，如果能够两个人回家解决，则能够大事化小，小事化了；如果将事情宣扬出去，那么事情就会不断发酵，最终变得难以收场。

周倩和子强是一对新婚夫妻，两人的性情都十分火暴，经常因为一点小事大动肝火。周日的一天早上，周倩觉得身体很不舒服，想让子强送她去医院，但是子强却说早就和朋友约好了今天要见面，不想失约，让她一个人去医院，说完就匆匆出了门。

周倩心中生气，但还是自己去了医院，挂完号，打上点滴，她越想越觉得委屈，忍不住给朋友打了个电话，向她诉说自己的委屈，丈夫的不贴心，朋友自然是对子强好一通指责，又带了水果来医院看她，有了朋友的安慰，周倩觉得心情好多了。

从此之后，周倩就习惯了向朋友们诉说自己的婚姻，子强回家晚了，她和朋友们抱怨；刚收拾好的屋子被子强弄乱了，她也和朋友们抱怨子强不理解她、不体贴她。

有一天，子强又去参加朋友的聚会，但朋友们看他的眼光却不对了。一个朋友拉着他小声对他说："你怎么还敢出来玩，不怕你老婆生气吗？"子强不明所以，朋友便和他讲了周倩经常和朋友们打电话哭诉子强对她不好的事情。

子强听后气从心起，原来在朋友们的眼中他已经成了一个爱玩不顾家、不体贴的男人，他也不参加聚会了，回家就找周倩理论。听到子强的质问，周倩大喊："难道我说的不是事实吗？"子强更生气了："有问题你为什么不和我沟通，却在外面到处宣扬，你这样让我的面子往哪儿放？"

周倩却认为自己没有错，两个人越吵越烈，家庭氛围也跌入冰点。

俗话说家丑不可外扬，很多婚姻中的事情并不是不可调和的，但一些人在和另一半产生矛盾时，情绪占据了理智，会通过宣扬矛盾的方式来发泄心中的情绪，但这种处理问题的方式十分极端，只会激化彼此之间的矛盾，造成无法挽回的局面。

家丑外扬会损伤另一半的尊严，损伤两个人的感情，同时也不利于问题的解决。正确的做法是，当家庭中产生矛盾时，应及时与对方沟通并想办法解决问题，而不是到处和外人诉苦。

莫攀比，日子是过给自己的

在婚姻中，最忌讳的就是攀比，拿自己的伴侣去和别人的伴侣进行对比，只会引发婚姻矛盾。

攀比是没有止境的，因为总会有比你过得更好的人。你越是攀比，越是感到自己的不足，始终活在嫉妒的情绪中，这样的人生未免太过不幸。

季芳和陈远是一对新婚夫妻，两人感情也算是甜蜜。季芳十分爱冲陈远撒娇，恋爱的时候，她总是对他说“你看那个女性手里的花多漂亮”“你看那个女性的包包多好看”，陈远也会心领神会地买一束花或一个包包送给她。

然而结婚之后，季芳的这些做法却让陈远不好受了。一天，陈远加完班回家，看到季芳坐在沙发上闷闷不乐，忙问她出了什么事，季芳把脸一扭：“还不是你，今天下雨，叫你去接我也不去，好多同事的老公都去接她们回家了，我却只能一个人打车回家。”

陈远连连道歉：“对不起，这不是我今天加班吗，没时间去接你，下次一定去。”

又过了一段时间，陈远工作的上级职位出现了空缺，他也有了晋升的机会，最终他却没能晋升成功，反而是他此前的一名同事成了他的上司。

季芳知道这个消息后，又对陈远说："你看看你同事，你们俩一年进的公司，现在他却成了你上司。"

陈远本来就心情不好，听完这话心情更糟了，反驳道："那你怎么不看看人家老婆，他老婆每天早上都给他做好饭让他带着，每天穿的衬衫没有一个褶，人家生活美满工作自然也更努力。你却连基本的家务都做不好，我每天下班后还要收拾家务，压力多了工作自然没有人家干得好。"

季芳一听这话又气又委屈，她也要上班，家务也是说好两人一起做的，现在却全把责任推到她头上。于是和陈远争吵起来，两人心中都有气，吵得也越来越凶，原本幸福的婚姻生活笼罩上了阴霾。

现代的女人很容易走进一个误区，就是希望自己什么事情都能够做到完美，看朋友圈里这个人又晒了名包，那个人又买了名表；但我没能力拥有这些，是否意味着我不是一个优秀的女性。

在这里要戳破那些假象，也许在朋友圈里，那个人已经攒了三年的钱就为了买一个包，很可能中彩票了才买了一块表。根本没必要去产生这些无缘无故的攀比之心。

如果别人的名包名表给了你压力，让你觉得你自己不够好的话，那么干脆就把这个人的朋友圈给屏蔽掉，因为这个东西对你百害而无一利。把最有价值的时间，放在最有价值的事情上；把所有的苛责，所有对你自己的评论摒弃掉，好好地享受你现在拥有的生活。你就会发现自己本来应该很快乐，不是吗？

很多人都喜欢拿自己的婚姻和别人的相比。如果觉得自己的婚姻没有别人的好，就会对另一半进行指责，抱怨生活的苦涩。这只会消磨两个人的感情，最终婚姻也会陷入相互的指责中。

事实上，婚姻是不能攀比的，两个人的日子是过给自己的，不是为了给别人看的。婚姻中的两个人应把握好婚姻前进的目标，即相互鼓励着成为更好的人，相互扶持着将日子过得更好，不要将目光放在别人身上，只注意到另一半的缺点而忽视了另一半的长处。

给我一些自由空间好吗?

中国有句古话：月满则亏，杯满则溢，不要爱一个人太满。情感是最令人动容也最令人不解的一种情绪。人世间的情感所带来的一种悲伤莫过于：你爱得越满，对方离得越远。不论是爱情还是婚姻中，都要给对方一些自由的空间。

在电影《十二夜》里，陈奕迅和张柏芝吵架的那场戏简直就是生活的真实写照。女人通常会像张柏芝一样质问男人："为何你永远都不懂欣赏我替你做的事？"而男人也往往会像陈奕迅般满腹委屈："我没叫你做那么多事。""为什么要做那么多事？""你为什么总要为我做那么多事。"

"女性是感性的动物，男性是理性的动物。"这是我们经常能听到的话。这在婚姻中也体现得淋漓尽致，婚姻中的女人通常会被爱情冲昏头脑，而男人似乎没有多大变化。

在恋爱开始之初，不管是女性对男性更好一点，或者男性对女性更好一点，到最后都好像宿命般的变成女性对男性越来越好，而男性只想逃离，后来过了热恋期，男性越来越平淡，而女性越来越依赖，我们都忘记了爱是忍耐、爱是宽容、爱是包容彼此，懂得对方，比付出太多更重要。

同样在婚姻中，很多女人总是一味地付出，越深爱越分不开，越爱越舍不得放开，以至于后来女人翻来覆去地想不通，苦苦追问："究竟我做错了什么，是不是我越对你好，你就越嚣张？"

以至于到最后，双方都觉得这样的婚姻好辛苦。女人会觉得："我都对你这么好了，你还不懂得珍惜，甚至还要和我离婚，究竟让我怎么做，你才满意，你为什么要如此狠心。""我付出这么多换来的却是你的满不在乎，这样真的好辛苦。"女人越来越不懂男人，开始觉得男人变了，变得和以前不一样了，后来便开始胡思乱想，最后得出一个结论：他不爱我了。

而男人会觉得："一点我自己的空间都没有，你这样让我觉得好辛苦。""你从前不是这样子的，你不需要做那么多事，你根本就不需要对我这么好。"男人越来越敷衍，越来越想躲避对方，不再担心过问女人，而是采用一种冷战的方式，最后得出一个结论：我们还是分开比较好。

爱得太满也会让另一方害怕。爱情应该是一个长久的过程，无论是女性还是男性，对待爱情，都不要爱得太满，要爱得恰到好处。尤其是女性，大部分女性都相对感性一些，她们要的更多的可能不是金钱物质，而是一颗真诚的心。所以，她们会时时刻刻想要验证这颗心是否真诚，以及这颗心是否现在还是真诚的。

现实中，有时候几年甚至十几年的感情说分就分。有人说："从激情到心淡，人们总是忽然就相爱了，但爱着爱着忽然就不爱了。”这句话是太感性了，也是不现实的，因为爱情不可能是“忽然”就不爱了，肯定是有什么原因才导致不爱的，比如，女性脾气太大，男性毛病太多等。

关于为什么会分手、为什么会离婚，你也许想过千万种理由，但万万不会想到，感情最后会败在“我对你太好”上面，而现实往往就是这么的讽刺，一段感情可以熬过异地，可以翻山越岭，可以经风历雨，但却跨不过“爱得太满”。

可能有些人会觉得如果不深爱，怎么才能体会到对方对自己的爱呢？这里要注意一下，这些人说的是“深爱”，而不是“爱满”，这两个词是完全不同的，我们不能混淆。为了帮助大家更好地分辨这两个词，这里举一个简单的例子：

每个杯子都有一个杯口，若杯中水很少，你会觉得杯子很深，若是倒水高于杯口的位置则是太满，太满就会溢出来，流淌在桌上的水都是多余的，不能再拿来喝，所以属于资源浪费。在情感的世界里，也是同样的道理。可以爱得深，但别爱得太满，无论是在恋爱时还是婚姻中，爱得太满的人，总会最受伤，也最难受，因为他不知道爱得太过对于对方来说，也是一种负担。

如果你的爱有很多，时常会溢出来，那不如不要倒得太满，把会溢出来的部分，分一点给自己，只有更爱自己的人才可以更爱别人，只有爱自己的人才懂得爱别人，如此，才有持续爱别人的能力。

最合适的两个人，不是在一开始就一拍即合，而是愿意在未来漫长的岁月里，为了彼此而变成更好的两个人。在这个现代世界里，原本就不存在天造地设的一对，而是平等互补的两个人，彼此信任、坦诚、忠实的同时，预留给对方一个彼此尊重的空间，而这个空间让你我产生一种雾里看花的朦胧美、距离美。

应该想想，把对方当作生命的全部，一味地付出，是不是会让对方厌恶，而我们的爱情应该是舒婷笔下的《致橡树》一样："我如果爱你——绝不像攀援的凌霄花，借你的高枝炫耀自己，我必须是你近旁的一株木棉，作为树的形象和你站在一起。"

我们是一个独立的个体，不应该因为一方而把自己改变，我们应该知道，爱就是互相鼓励，应该是相互扶持，相互帮助，相互宽容，不依靠，不攀援，给对方独立的自由空间，但两个人又没办法离开彼此，爱得深，但不满，这应该成为我们恋爱的态度。

任性，绝非是女人的特权

任性是我们女人的特权，他必须忍耐。其实这是个相对老生常谈的话题，也是我们婚姻生活中难免会遇到的问题。

我在四处开讲座培训的时候，帮助了很多个婚姻濒临破裂的案例，其中有一大部分都源于女人的任性。我的一个学员，她的男朋友是一个特别好的人，他们两个还没结婚的时候，每一天不管自己要不要加班，六点一定会赶回家里为她做饭。两个人吃完饭，这个男朋友刷完碗才继续回单位加班，这样的情况持续有半年多的时间，然后两个人就结婚了。

结婚以后，两个人还是维持这个状态，而且持续有超过一年的时间。不管这位好先生忙不忙，他一定要回来给她做饭，刷了碗之后才回去加班。这位好先生单位里的每个人都特别不理解这种行为，都告诉这位好先生说：你不能这样子宠你的老婆，迟早会宠坏的。

这些同事还请我出面劝这位好先生，结果这位好先生回答我说：这是一种甜蜜的负担，我愿意为她这么做，甘之如饴。虽然我当时感到挺遗憾的，但我明白这个婚姻是无以为继的。

一段婚姻，你可以任性地让你先生每天回来帮你做饭，但是第二年，第三年，终究有一天你会明白这不是正常的生活。有一天我这位学员找我，说他们已经离婚了，这位好先生受不了一直这么辛苦，再也受不了她的任性。

当然，我并不是说先生回来做饭就表示你任性，其实一个女人任性意味着什么，意味着你并不温柔；意味着你不从对方的角度去思考问题。

有人会问我：你对于美丽的定义是什么？我常常会告诉女孩子，如果一个女人是美丽的，她的身上一定有一个特质。这个特质就是让她的男人在她身边是能够坐卧自如的，坐卧自如是当我待在你身边的时候，我觉得很舒服，我是放松的，我不需要卖力去证明什么，我也不需要卖力去讨好你。

任性是损及一个女人美丽的最糟糕的一件事，也是会让女人容颜老去的催化剂，所以从今天开始你一定要记得做一个善解人意的女人，而不是一个无理取闹的女孩。

第 10 章

离婚不要轻易说出口

婚姻中的人必须谨记：离婚不要轻易说出口。离婚两个字说出来容易，但是对婚姻的伤害却是难以修复的。很多时候也许就是这样一句冲动的语言，就会导致两人的婚姻破裂。

离婚是婚姻生活的大忌，而如果轻易将这两个字说出口，婚姻真的走向了尽头，也会对婚姻破裂的人带来不同的后遗症。

不要总把离婚挂嘴边

夫妻两个人，个性是相互影响的。如果一方个性平和、沉稳，能慢慢带动另一方也朝这个方向发展；但如果一方每天都把离婚挂在嘴边，那这场婚姻注定是一个败笔。

千万不要脱口而出一些特别伤人的话，因为你说出来的那一刻很不好受，对方听了更不好受。我们可能多多少少会有这样的一个经验，小朋友在二三年级的时候，妈妈不让你玩游戏，你可能会跟妈妈生气地喊：“我不爱你了，我恨你！”

但你的妈妈知道你不是有意的，你还小不懂事。但如果我们在婚姻当中常常说“我们离婚吧，我不爱你了”这些恶语，对这场婚姻的伤害不容小觑，因为你早已经过了不懂事的年龄，对方只会认为这是你真实的想法。

在这里我要教你们一个其实听起来很难但是其实也蛮容易的方法，就是你要学会停顿 3 秒钟的技巧。

在心理学上我们称它为中断，这个中断只需要 3 秒钟的时间。从右脑脱口而出的那些话立刻就会被左脑来制约，左脑就会告诉你这句话不能再说了，所以在第一时间你就不会做出让自己后悔不已的举措了。

幸福的女人是不会经常把离婚挂嘴边的，因为离婚两个字就像一颗定时炸弹，每说一次都会有引爆它的风险。要想经营好婚姻，就一定不要把离婚挂在嘴边。

离婚同样是一个新的起点

人生最大的忌讳是跟自己过不去。

离婚，离了就离了，其实也根本没什么大不了的。离婚并不代表明天的太阳不升起，也不代表明天就是世界末日了。所以万一你的婚姻真的破碎了，学会看开点，地球不会因为没有了你就不转；同理你也不是一旦没有了婚姻，生活就全完了。

离婚同样是一个新的起点，并且是一个转折点。假设你忍受了十年不幸福的婚姻生活，在今天“喜获”离婚，这也就代表你不用再忍受你前夫的种种毛病，不用再给他洗衣做饭，这是一件多么快乐的事啊。你终于有了时间和精力去旅游，你向单位请了年假，选择了之前一直想去而未去的地方。

我思故我在。不要因为一个小小的离婚而否定自己的全部，你本应当是自由、美丽的存在。

她今年四十多岁，结婚已有二十多年，儿子刚刚考上大学，两个人工作稳定，婚姻看起来十分不错。但在这个时候，她的丈夫却提出了离婚。

那天，经常有应酬、晚回家的丈夫意外地没有晚回家，却说出了一番令她崩溃的话，他直言两个人的婚姻已经让他感受不到幸福了，之前为了儿子，才没有捅破这层窗户纸，但现在他遇到了一个给他生活带来活力的女人，便想要结束这段婚姻。他直言："咱们离婚吧，这样一潭死水的婚姻没有必要再维持下去了，我感觉太累了。"那时，她的心沉到了万丈深渊里，体会到了什么叫"心如死灰"。

丈夫说完这番话就走了，她一个人坐在空荡荡的房间里，心里也空荡荡的。儿子上学不在家，她没有能够说话的人，哭着给一个朋友打了电话。朋友很快赶来，这时她已经哭得喘不过气，朋友把她抱在怀里，低声安慰她，说这一切并不是她的错。

过了好久，她终于止住了哭泣，拿来两瓶酒，要朋友跟她喝一杯。她平时很少喝酒的，只是今天，她想醉一次。两人喝着酒，她向朋友回忆起她和丈夫两人的过往，回忆相恋时的甜蜜、有孩子的时候的欣喜，也说了很多他曾经给她的承诺，但是现在，都是一场空。

朋友静静听她说着，安慰她，说明白她心里的委屈和痛苦，只是事已至此，还是要打起精神生活，她沉默着没有回答，半晌又说自己想好好休息几天。朋友看她情绪稳定了，也就回家了。

第二天，她又打电话给丈夫询问他的心意，在得知一切都无法挽回后，她和他去办理了离婚手续。回家后，她将这个消息告诉了儿子，儿子似乎也并没有感到惊讶，只说要她好好照顾自己，自己放假了就回家陪她。

刚离婚的那段时间，她对什么事情都没有兴趣，不愿意做饭和收拾家务，整天吃外卖；本来每天吃完晚饭后她都要下楼散步，现在也不出门了；几个朋友知道她离婚了想要带她出门散心，她也回绝了。她没有食欲，整夜整夜地失眠，很快就消瘦了一大圈。

在这段时间，她把儿子当成自己的精神寄托。她的儿子是个成熟稳重的孩子，对父母的离婚也能够理解，并且为了安慰她，儿子每到假期就回家，即使在学校的时候，也坚持每天给她电话，让她倍感安慰。

又一个假期的时候，她的儿子回家了，她难得地给儿子做了好多饭菜，但坐下吃饭的时候她才发现，菜不是味道淡了就是味道咸了，根本不能吃。儿子却没有指责她，只是说道：“我上楼的时候遇到邻居家的阿姨，她说你最近状态很不好，总是一个人待着，她几次叫你出门逛街你都回绝了她。”

儿子又说：“妈，我希望你振作一点，不要离婚了就变得孤僻，这社会离婚的人多了，人家不也过得很好吗？即使我爸跟你离婚了，你也并不是孤身一人，你还有我，还有姥姥姥爷，还有很多关心你的亲人朋友，大家都希望你能振作起来。你也不能总靠别人的同情和安慰生活，得调整好自己的心情。你心情好了，我的心情也会好，姥姥姥爷的心情也会好，咱们家才能变好。”

儿子的这番话点醒了她，是啊，她还有儿子，还有其他亲人，离婚了并不意味着生活就崩溃了，为了家人，为了朋友，她也得振作。

她打电话给朋友，朋友十分高兴，约她出门逛街。见了面，朋友说：“你现在的状态看上去还是不太好，要不把长发剪掉吧，你之前不就说想要剪短发吗？”

她一愣，她并不喜欢长发，以前留长发也是因为丈夫觉得长发好看。而现在，她可以剪掉这些烦恼丝了。剪发的结果让她很惊喜，一头漂亮的短发显得她更加精明强干，人也更加精神了。

她与朋友聊起来自己心境的转变，朋友也为她高兴。

心结打开之后，她开始反思自己的婚姻，两个人的婚姻出现了问题自然也有自己的责任。婚姻使她从一个开朗乐观、善良热情、喜欢思考的女孩儿变成了一个爱唠叨、爱发脾气的中年妇女，她的身上确实有很多缺点。

她开始思考，为什么自己会变得爱唠叨？只是想向丈夫表达自己的关爱，或者希望得到丈夫的回应，但这样的要求却显得很奢侈，因为他已经不再把眼光放在自己身上了。为什么自己会变得爱发脾气？因为生活中太多的无奈都压在心底。在二十多年的婚姻里，她变成了一个目光狭窄、活得懒散、没有朝气的女人，每天公司和家庭两点一线，将自己困在了这个小小的世界里。每天下班后做好饭等丈夫回家，如果他回家晚了，她也看不下电视，门外出现一点声响她都要怀疑是不是丈夫回来了。

那时，她很不愿意丈夫出差，因为她觉得等待太难熬了，她不读书，不看报，也很少参加社交活动，眼睛总是围着丈夫和儿子转，完全迷失了自我。

其实她也不了解丈夫，不知道他的内心世界，她只是主观地把他想象成一个开朗、幽默、善良的人，他在她心中是一个很完美的人，但一切都只是想当然。在婚姻里她是一个盲目自信的女人，同时也十分粗心，完全没有发现丈夫在感情上的变化，直到他对她提出离婚，她才发现两人的婚姻已经走到了尽头。

她决心做出改变，周末的时候不再把自己困在家里，而是和朋友一起去逛街、去朋友家聚会等，她还报了一个瑜伽班，准备改善一下自己的体型，在离婚后获得了更加丰富多彩的生活。

放弃感情、放弃自己经营许久的家庭是一件十分痛苦的事情，但从理智上来分析，感情是维系婚姻的基础，两个人没有了感情，婚姻也难以为继。

既然已经离婚，那么接下来的日子就需要重拾信心，走好自己的路。离婚并不可怕，可怕的是受到打击就自我封闭了，对于每个人而言，最大的敌人是自己；战胜了自己，就能够获得更美好的人生。

世界上没有后悔药可以买

不要轻易做出让你后悔万分的事，因为这个世界上确实没有后悔药卖。

苏雨和子鸣结婚两年了。两人没有在一起时，子鸣就是一个十分受女性欢迎的男性，他长相帅气，唱歌也十分好听，有一次他在学校的元旦晚会上唱歌，一首歌结束后，好几个女性都给他送了鲜花。

苏雨也是那时对子鸣动了心，并开始对他展开了热烈的追求，而子鸣对苏雨也很有好感，没多久两人就在一起了。

毕业后两个人结了婚，子鸣去了一家互联网公司上班，每天工作都很忙，没有时间再唱歌了。现在的他十分成熟英俊，再加上子鸣的公司里也有很多漂亮的女性，这让苏雨越来越没有安全感，询问子鸣的行踪、查看他的手机成了她每天必备的工作。

子鸣对苏雨的不信任感到十分气愤，但还是不想挑起家庭的战火，全都忍下了。

转眼苏雨怀孕了，十个月后生了一个白白胖胖的儿子，两个人都十分高兴。这段时间，苏雨在家休产假，每天除了照顾宝宝外，还会花费大量的时间“查岗”，她几乎每到中午和晚上下班的时候都会给子鸣打电话，问他在干什么。时间一久，子鸣受不了了，开始和苏雨争吵，而苏雨也认为子鸣不体谅自己。

后来有一次，子鸣因为要和客户谈工作，便把手机设置成了静音，没有接到苏雨的电话，等工作谈完打开手机一看，竟然有二十多个苏雨的未接电话，子鸣慌了神，连忙打电话询问出了什么事情，哪知苏雨却哭得很难过，质问他为什么不接自己的电话，是不是不爱自己了等等，子鸣一气之下挂了电话。

两人的关系因为这件事走向了冰点，子鸣依然按时回家，帮忙照顾孩子，却不愿意和苏雨说话了。苏雨也慌了，她也知道自己做得太过了，连连向子鸣道歉，说自己那天情绪不稳定才那样的。子鸣体谅她刚生完孩子情绪敏感，也没有过多追究，原谅了她。

但随后的一件事却使得两人刚刚回温的感情再次跌入谷底，甚至导致了两人婚姻的破裂。

这天，苏雨在翻看子鸣的手机时，发现他新加了一个微信好友，正是两人的大学同学，而这个同学当年也喜欢过子鸣。苏雨的情绪马上就崩溃了，认为子鸣背叛了两人的感情，子鸣解释说今天加她只是因为两个人有工作方面的往来，并且两人的聊天内容的确也全是和工作相关的内容。

但情绪崩溃的苏雨根本听不进这些，一味地说子鸣背叛了自己，子鸣气上心头，大喊一声：“那就离婚吧。”苏雨听到这句话更难过了，同时也觉得更印证了自己的猜疑，两人越吵越凶，气冲冲地领了离婚证。

离婚之后，子鸣收拾好自己的东西，就从家里搬出去了。直到看着空荡荡的房间，苏雨才惶恐地给父母打了电话，讲了离婚这件事。

她的父母听完事情的经过后只觉得她在无理取闹，她的母亲说："离婚这么大的事情都不和家里商量一下，再说这本身也没什么事，怎么就这么离婚了？你怎么不想想，离婚以后你们的孩子怎么办？"

听了母亲的一番话，一股悔恨涌上她的心头，但她还是放不下面子联系子鸣。

又过了一段时间，周围的许多朋友都知道了他们离婚的事情，也好奇当初恩爱有加的两个人怎么会走到了离婚这一步。

有的朋友问她："子鸣多好的人啊，工作努力，对你也体贴，怎么就离婚了呢？"每当面对这种质疑，苏雨的心里只有苦涩。

她终于忍不住给子鸣打了电话，向他承认自己的错误并保证自己以后一定不这样了，希望能够和他和好。但子鸣却叹了一口气，说道："你能认识到自己的错误我很欣慰，但我们两个已经回不到从前了，我给过你很多机会，但你总是更加歇斯底里，我觉得我们还是做朋友比较好。"

子鸣挂了电话，苏雨在无尽的悔恨中自责万分。

离婚后的两个人可能都有过悔恨，悔恨自己当时为什么要那么做，总是想着，我当时要是不那么做就好了。但世上没有后悔药，已经发生的事实也没办法更改。

如果离婚后感到后悔，可以与另一半沟通，寻找挽回事情的可能。但如果对方不愿意挽回，那我们也不能沉溺于悔恨中，而要积极调整自己、改变自己。改变并不难，难的是拒绝悔恨情绪，迈出改变的第一步，只要下定决心做出改变，不断完善自己，就能够以更好的状态、更好的心态面对明天。

让自己保留一份体面

聊到这个话题，我就想到《体面》这首歌，诚如歌词：分手应该体面，谁都不要说抱歉；何来亏欠，我敢给就敢心碎。艺术往往源于生活而高于生活，无论文学还是音乐都是如此。

我认为我们女性应当学会从容。

何谓从容，就是你在十分喜悦时仍能进行表情管理，不会大喊大叫；在十分悲伤的时候仍能在外人面前忍住眼泪，优雅地转身离开。

我看过太多的案例中，有些女同志在离婚后接受不了现实，又哭又闹，甚至用生命威胁对方不能离开。这样对于我们女人太难堪了，哪怕这样过激的行为真的能换来对方的回心转意；如果换位思考我是那个男人，我会感到恐惧，因为你用生命去威胁我了，这样的婚姻生活真的能继续下去吗?

让自己保留一份体面，这样不仅对你接下来的生活大有裨益，也会让你的前夫高看你一眼，给你一份最后的祝福；而不是让他看到你失态的样子感到庆幸，还好我及时止损和她离婚了，不然还不知道以后的日子怎么样。

很多人离婚后处理不好两人的关系，就是因为对对方怀有恨意，恨对方的无情，恨对方对自己的伤害；但是我们必须明白，只有放下这种恨，我们才能够在这段关系中更加从容，才能够过好未来的生活。

在爱情的世界里，所有的一切计较都是苍白的。不是谁付出的多或者谁努力的多就会获得爱情的回报。爱情是可以努力争取到，但不能勉为其难，如果只是一方的单相思，再多的付出也只会变成对方的负担。所谓强扭的瓜不甜，既然不爱了，又何必执着于伤害之中。

爱情的结局有幸福也有痛苦，但并不是月老的刻意安排。在爱情的岁月当中你曾深情地拥有过，剩下的就让它随缘吧，这样的人生也就没什么可遗憾的了。如果一味地苦苦维系早已变质的爱情，最终伤害的还是自己。单相思的暗恋就像难以维持的火苗，最终会熄灭。

在分手时，有的人宁愿选择羞辱也不愿放手，正如张爱玲说的，爱一个人可以爱到把自己低到尘埃里，但是没有保鲜膜的爱情始终会变质，分手会随时而至。没有人那么豁达，选择羞辱自己，也不是因为宽容，他们只不过在赌最后的输赢。所以当最后还是避免不了分手时，那份打击对他们来说是双重的，不如当初勇敢一些，潇洒地放手。

在爱情的世界里，没有经验可言，也没有任何攻略可言。如果分手了，请别再打扰，别再藕断丝连，也不要自欺欺人地活在自己的世界里。让不可能的爱情统统离开吧，不要苦苦地哀求，苦苦地相逼，这样既放过了他人也放过了自己。就让时间去治疗伤疤，总有一天，伤疤会痊愈。

有些人离开了就再也回不来了，然而生活还要继续，我们能做的就是收拾好心情，重新开始自己的生活。

不要迁怒，孩子始终是无辜的

我们都知道离婚一定会波及孩子，其实这是最难处理的部分，因为孩子是一个活生生的人，并且是这个家庭当中的重要成员。

爸爸妈妈在争吵的过程当中，孩子不可能不知道，就算是我们小心地避开孩子吵架，但如果我们的婚姻真的要走到离异这一步的时候，孩子不可能看不见。

总是有母亲来问我，孩子在面对父母离婚时，是不是会特别受伤，我要不要因为孩子再忍忍，等孩子大点再离？孩子在一个单亲家庭长大是不是会特别可怜？

我给出的回答是孩子一定会受伤。

孩子在面对父母的争吵乃至于离婚时，不可能没有伤害。但一个平和的离婚远远比一个永远在吵架的家庭给孩子带来的伤害要小得多。我们来假设这样一个令人窒息的场景：我们每天都在吵架，孩子看到妈妈在哭自己也跟着哭，爸爸见状摔门而去，家里一片狼藉。

如果真到了这个地步，那么还不如大家和平分手，这样不仅给彼此一条生路，也给孩子一个安定的成长空间。我们之后还要做到的一件事，就是明明白白、清清楚楚地让孩子知道家里发生了什么事。

假设一对夫妻吵架，孩子看见爸爸妈妈很不开心，他知道有大事要发生，家里的气氛山雨欲来风满楼，他有可能会问妈妈发生什么事了?

我们最常给出的回答是：大人的事，小孩不用管。我们可能是出于保护孩子的目的，不让孩子有压力。但是我们不知道的是孩子自己会开始胡思乱想，他的焦虑来自他不知道家里发生什么事，但气氛明显很不对。

这种焦虑对孩子来说非常可怕，就好像楼上扔了一只鞋把你吵醒，但你却不知道另一只什么时候会扔。这样的情绪像乌云一样一直盘布在家庭上方，影响到孩子的身心健康。

我们应该怎么做才能把伤害降到最低?

最好的做法是我们找个恰当的时候把孩子叫到跟前，三个人坐下来心平气和地说话，告诉孩子：爸爸妈妈要告诉你一件事情，我们要分开了，但是我们分来的原因绝对和你没有任何关系，是我们之间出现了问题，我们仍然爱你。

这个话题对大一点的孩子接受度可能会高一点，因为他可能隐隐有了感觉，只是突然爆发出来让他感到难过。你要容许他像容许你自己一样消化情绪，给他时间去释放他的情绪，允许他发脾气。

然后在他安静下来的时候，你可以问问他，你愿不愿意跟妈妈聊聊天，或者是你愿不愿意跟爸爸谈一谈。我们都需要时间去接受现实，去治愈伤口。

越大的孩子，你要越把他当成一个大人来看，而不是跟他讲：妈妈已经很难过了，你不要再闹了。孩子会感到很委屈，很生气，但这完全合理。因为孩子他也是一个独立的人，他有权利生气，他有权利因为他的失去而忧伤，所以我们不要雪上加霜。如果你漠视了他是一个独立的人的话，那么你将来要用更多的时间要用更多的精力费更大的劲来处理这个问题。

那么以上是大一点的孩子面对离婚时的感受，接下来说如何让小一点的孩子接受你们离婚的现实。

尽量减少小孩子生活环境的变动，不要让他对家庭感到陌生。有的妈妈很勇敢，希望带着孩子离开当下的环境，寻找新的生活。因为每一天你走出家门，看见熟悉的公园，你可能想到你跟前夫曾经带着孩子在这里玩；散步到商场，你会想到前夫和孩子两个人吃冰淇淋的样子。每一个场景都有可能会勾起你的回忆，所以有一些爸爸或妈妈就决定要带着孩子离开你所熟悉的环境。但孩子在环境动荡、家庭破裂的时候，反而需要一个熟悉的场景来找寻安全感。越小的孩子，这个需求会越强烈。

对我们来讲，熟悉的场景易勾起我们的伤痛；但对孩子来说，熟悉的场景是他舒适圈的一部分。他能够更好地去度过家庭破裂之后给他带来的那些动荡与不安。

所以如果今天我们决定要分开了，为了顾及孩子，为了不让他的安全感支离破碎得太厉害，尽可能地减少孩子生活环境的变动。因为他已经被剥夺了父母羽翼保护的安全感，如果他又要重新适应一个新的环境，是很难去面对的。

离婚并不意味着贬值

当我们需要光亮的时候，说明我们还没有灰心，还有积极进取的心；当我们想去找光亮的时候，说明我们已经变得很勇敢，无所畏惧；当我们奋起奔跑，向着光亮出发的时候，说明我们是值得尊敬的；当我们给别人送去光亮的时候，说明我们是有爱心和温暖的。所以，我们不要去抱怨自己没有光明之路可走，而是实际行动起来，自己去找那一抹光亮。

虽然如今人们的婚姻观越来越开放，但仍然有很多人对离婚的人抱有偏见。很多人会认为，人一离婚就会贬值，尤其是离婚的女人。但这只是世俗的偏见，离婚并不意味着贬值，离婚后的人生也许会更加精彩。

向晚和前夫是通过相亲认识的，本来她对前夫并不太满意，但前夫和前夫的家里人对她都十分满意，请媒人几次来说亲，再加上向晚的父母对对方的家庭也比较满意，在媒人的几次说情下，父母也开始劝她，说这个人真的不错，要不先交往一段时间试试。

向晚不想听父母整天苦口婆心地劝她，于是就同意了。经过一段时间的相处，向晚觉得这个人老实忠厚，对她的态度也非常好，慢慢地，她的态度也开始软化了。后来，在双方父母的催促下，两个人匆匆结了婚。

可婚后的向晚才发现，原来他一直都在伪装，并不是真心尊重她、爱护她，结婚之后，他从没有做过一点家务，稍有不顺心就冲她发脾气，她这才发现自己被他骗了。没过多久她又发现，原来外表忠厚老实的他一直都在沉迷赌博，家中已经欠了不少外债，甚至当初的彩礼钱都是借的。

这下向晚再也受不了了，马上向他提出了离婚。这段婚姻刚开始没多久就走向了终结。离婚后，向晚又搬回了家，父母知道自己之前做错了事，也没有催她再婚。向晚也没有哭哭啼啼，而是远离这段阴影，重新开始生活。

一年之后，一个朋友说要给向晚介绍一个相亲对象，这时向晚觉得自己再婚也行，不再婚也行，无论怎样，她都能照顾好自己，但为了不辜负朋友的好意，她还是决定去见一见。

刚见到那个男人时，向晚感觉他人还不错，很有礼貌，也十分博学。后来提到婚姻的话题时，男人问向晚："你离过婚对不对？"

向晚承认了，她不忌讳提起这件事，因为是事实。但是，男人接下来的一句话让向晚十分反感，他说："女人离婚之后就贬值了，再婚已经没有什么优势了。"

向晚当时就生气了，不是因为他提到离婚，而是认为离婚之后的女人就贬值了。向晚问他："什么叫贬值？为什么说女人离婚后就贬值了？"

男人可能是想通过这件事打击向晚，好摆出高人一等的姿态，没想到向晚会发火。他收起温文尔雅的神色，反问向晚："女人离婚了，没有守住婚姻就是一种失败，就是一种贬值，很多女人离婚后生活都过得乱七八糟，这难道不是贬值吗？"

向晚告诉男人："你的这些理论都是自以为是，有些女人离婚后的确会过得很糟，但那是她们自甘堕落，而不是所有离婚女人都是那样。我之前的婚姻是受到了男人的欺骗，是我主动离婚的，及时止损，这叫贬值？离婚后我能够实现经济自由，能够照顾好自己，这叫贬值？你对离婚的女人明显是带有偏见的，对不起，我觉得咱们连朋友也不能做。"

男人被向晚问得哑口无言，脸色很难看。向晚冷冷地看了他一眼，就起身离开了。这种没品的男人其实不在少数，他们对离过婚的女人似乎存在一种天生的偏见，在不询问原因、不了解内情时便下了定论，这也是我们应当竭力避开的一类人。

离婚之后的女人会贬值这种说法太绝对，也太伤人。离婚后过得比之前好的人也有很多，很多人都是经历过一段失败的婚姻后，才知道自己想要什么，才知道自己应该做什么，懂得对自己负责，这是自我增值的表现，怎么会是贬值呢？

很多女人在离婚后会变得特别骄傲，乃至于这种情绪发展到一定地步，会选择净身出户这种做法，用来证明自己的骄傲。那在这里，我特别想作为一个知心姐姐，以一个关爱你们的好朋友的身份告诉你们：婚姻真的无以为继的时候，你首先不能因为一点财产而变得特别贪婪，把离婚官司打得特别难看。

但你也不要为了顾及自己的尊严而不去争取本来就属于你的东西。合理地去争取你应该得到的，因为你会知道当你真的离开了一个舒适圈以后，良好的经济基础就像一个安全气垫，能够缓冲你改变的压力。所以不要把离婚官司打得特别难看，为了钱两个人撕破脸；但也不要为了自尊而选择净身出户，然后连生活保障都没有。

离婚之后，重新出发便成了当下的命题。

我们要赶快地重新建立一个新的生活秩序，允许自己忧伤，但不要允许自己消沉的时间太长。你需要赶快建立一个新的生活秩序，比方说我一直很想去学画画，但是因为种种顾虑而耽误了，那么你现在就可以把这项活动放进日程里。再比方说我一直想学探戈，但因为前夫不同意你和陌生人亲密接触，那么你现在可以立刻去报班。我们要试着把一个新的生活秩序，填在你貌似空虚的生活内容当中。

这是帮助离婚女性维持精气神的好方法，我知道你不想出门，但是你得逼着你自己出门，因为你唯有出门才能去主动洗脸、洗头、化妆；唯有出去接触社会，走出伤痛的动能才会更强。

我可能把离婚这件事说得特别风轻云淡，但这件事也确实没什么大不了的。如果将我们的一生比作一条河流，水总有一天要流向谷底，我们只能学会顺势而为，因为只有顺着生命的水流往下走，去承接生命当中必然要发生的事情时，才不会去做无谓的挣扎。

无谓的挣扎会消耗掉我的动能，丧失对自己的信心，磨损我再一次跃起的勇气。所以如果这条河流真的要流向谷底时，我应当学会如何顺着它流向谷底，并积蓄起下一次再跃起的能量。